Aladin El-Mafaalani

Ohne Schulabschluss und Ausbildungsplatz

Aladin El-Mafaalani

Ohne Schulabschluss und Ausbildungsplatz

Konzeptentwicklung und Prozesssteuerung in der beruflichen Benachteiligtenförderung

Tectum Verlag

Aladin El-Mafaalani

Ohne Schulabschluss und Ausbildungsplatz.
Konzeptentwicklung und Prozesssteuerung
in der beruflichen Benachteiligtenförderung

ISBN: 978-3-8288-2391-4

Umschlaggestaltung: © Rafael Cichy

Besuchen Sie uns im Internet
www.tectum-verlag.de

Bibliografische Informationen der Deutschen Nationalbibliothek
Die Deutsche Nationalbibliothek verzeichnet diese Publikation in der Deutschen Nationalbibliografie; detaillierte bibliografische Angaben sind im Internet über http://dnb.ddb.de abrufbar.

Vorwort

Ein konzeptioneller Lichtblick

Spätestens seit der PISA-Studie ist bekannt, dass in Deutschland der Bildungserfolg in starkem Maße von der sozialen Herkunft der Kinder und Jugendlichen abhängig ist. Dabei ist zu beobachten, dass sich eine klare Chancenrangfolge gebildet hat: Beamte, Angestellte, Selbstständige, schließlich Arbeiter. Während Arbeiterkinder auch bei gleicher Leistung überproportional häufig an die Hauptschule empfohlen werden, bekommen Angestellten- und Beamtenkinder häufiger eine Empfehlung für das Gymnasium. Diese Chancenungleichheit hängt zweifelsfrei mit den Strukturen der Schulen in Deutschland zusammen: Denn Schulen sind wesentlich darauf ausgerichtet, dass die Förderung und individuelle Unterstützung in erster Linie aus dem Elternhaus kommt. Und viele Lehrerinnen und Lehrer gehen davon aus, dass die Kinder in Akademikerfamilien umfangreicher und besser gefördert werden als in sogenannten Arbeiterfamilien.

Dass die Kinder und Jugendlichen in den Schulen individuelle Förderung benötigen, fordern die Bildungsforscher bereits seit Jahrzehnten. Und die Erfolge der skandinavischen Länder bei den PISA-Studien stützen sich ebenfalls auf Konzepte systematischer individueller Förderung. Mittlerweile haben auch die Politiker auf diese Entwicklung reagiert. Beispielsweise hat das Land Nordrhein-Westfalen das Recht auf individuelle Förderung für alle Schülerinnen und Schülern an allen Schulen im Schulgesetz verankert. Obwohl die individuelle Förderung nun gesetzlich vorgeschrieben ist, scheint die Umsetzung kaum zu funktionieren. Das hängt in vielfältiger Weise mit institutionellen Strukturen zusammen, da Lehrkräfte nicht nur mit einer überfrachteten Bürokratie zu kämpfen haben, sondern auch kaum strukturell und organisatorisch unterstützt werden.

Dass trotz der widrigen Bedingungen die individuelle Förderung benachteiligter Jugendlicher umgesetzt werden kann, zeigt das Förderkonzept, das von Aladin El-Mafaalani vorgestellt wird. Der Autor entwickelt ein Förderkonzept, das die Systematisierung von Prozessen und Maßnahmen (bspw. Schülerportfolios, Schüler-Lehrer-Gespräche, individuelle Lernpläne) auch mit den derzeitigen Rahmenbedingungen vereinbar macht. Dabei wird die Vielfalt der Jugendlichen nicht als Problem, sondern als Chance und Ausgangspunkt individueller Entfaltung verstanden. Es geht darum, Fähigkeiten zu erkennen und zu verbessern, Schwächen zu ergründen, Verhaltensauffälligkeiten ursächlich zu erklären und in gewisser Hinsicht Selbstreflexionsprozesse bei Lehrkräften und Schülern auszulösen, die allen Beteiligten zugute kommen. Individuelle Förderung wird hier also als ganzheitliche Persönlichkeitsentwicklung mit einem angemessenen Bildungsanspruch verstanden, wobei der Mensch als Ganzes in dem Mittelpunkt aller Bemühungen steht und nicht als defizitäres Wesen. Durch dieses Konzept sind die Lehrkräfte „gezwungen", sich mit jedem einzelnen Schüler und jeder einzelnen Schülerin zu beschäftigen. Auch wenn einige Lehrkräfte diesem Konzept gegenüber reserviert sein werden –die Ursachen dafür diskutiert der Autor umfassend – zeigt die konzeptionelle Umsetzung bereits nach einem halben Jahr die ersten beachtenswerte Erfolge: Die passive Rolle der Schülerinnen und Schüler wandelte sich im Laufe der Zeit zu einer fordernden Haltung, Lernerfolge wurden festgestellt, das Arbeits- und Sozialverhalten sowie das Lernverhalten wurden deutlich verbessert.

Der innovative, konstruktive und differenzierte Beitrag von Aladin El-Mafaalani ist ein konzeptioneller Lichtblick im diffizilen Bereich des Bildungswesens. Sein Konzept ist zwar an Berufsschulen gerichtet, lässt sich aber hervorragend und ohne große Umstellungen auf alle Schulen übertragen, denn individuelle Förderung kann nicht zu früh beginnen. Und es macht Hoffnung, dass sich in den Schulen immer mehr engagierte Praktiker, wie Aladin El-Mafaalani, zu Wort melden und die Schulen von innen heraus reformieren. Die Erfahrungen und produktiven Vorschläge des Autors verdienen eine breite und intensive Rezeption!

Ahmet Toprak

INHALTSVERZEICHNIS

1. Einleitung

Das deutsche Schulsystem weist nach Andreas Schleicher, dem Koordinator der PISA-Studien, Strukturen auf, die im Wesentlichen aus der Zeit der Industrialisierung stammen (vgl. Schleicher 2007). Das 19. Jahrhundert war geprägt von scharfen Differenzierungsmustern: Lebensabschnitte waren klar abgrenzbar und die Klassenzugehörigkeit organisierte gewissermaßen den Lebenslauf; es herrschte eine hierarchische Arbeitsorganisation, in der klare Berufsprofile und eindeutige Zuständigkeitsbereiche das Wirtschaftssystem prägten; es existierten klare politische Zielvorstellungen – nationale Grenzen und kollektive Identitäten waren die dominierenden Referenzsysteme.

Heute prägen Ambivalenzen die Gesellschaft. Die Einteilung der Lebensabschnitte und der Klassenzugehörigkeit, die Organisation des Berufslebens und die Struktur der Gesellschaft haben sich grundlegend verändert. Die große Herausforderung, vor der das Individuum im 21. Jahrhundert steht, ist Selbstorganisation, d.h. das eigene Leben in einer immer komplexer werdenden Gesellschaft zu gestalten und dabei mit immer mehr Freiheiten leben zu lernen – ob man das will oder nicht (vgl. Beck 1996, S. 41ff.).

Während Schleicher die gesellschaftliche Perspektive in den Vordergrund stellt, kann man den Wandel der Zeit auch aus der Perspektive junger Menschen beschreiben. Diese wachsen im Wesentlichen in den vier Lebenswelten Familie, Medienlandschaft, Peers und Schule auf. Während sich die drei ersten in den letzten Jahrzehnten dramatisch verändert haben, kommt die Schule diesen Veränderungen nur mit großem Zeitverzug hinterher (vgl. Struck 1997, S. 13 f.).

Diese geänderten Rahmenbedingungen, unter denen junge Menschen heute aufwachsen, stellen neue Anforderungen an Schule. Das gilt insbesondere deshalb, „weil es auf Reproduktion von Routinewissen und Algorithmen, die man Schülerinnen und Schülern leicht im Gleichschritt vermitteln kann, in der modernen Wissensgesellschaft immer weniger ankommt" (Schleicher 2007, S. 123). Die Vorbereitung auf lebenslanges (Weiter-) Lernen steht heute im Vordergrund.

Aus diesem Grunde wird individuelle Förderung mittlerweile von allen Seiten als wichtig betrachtet (vgl. Schleicher 2007a; Solzbacher 2008). Solche Übereinstimmungen sind im deutschen Bildungssystem ungemein selten. Gleichzeitig ist Deutschland eines der wenigen Länder, in denen es nicht gelungen ist, eine gute Praxis individueller Förderung systemisch zu verankern. Schulversagen, Kompetenzarmut und Qualifikationslosigkeit sind die zentralen Probleme des allgemein bildenden Schulsystems. Während vor einigen Jahrzehnten auch jene Jugendliche mit geringen Qualifikationen in den Arbeitsmarkt integriert werden konnten, sind sie heute den Anforderungen der Wirtschaft und des Arbeitsmarkts nicht mehr gewachsen.

Daher befinden sich etwa 500.000 Jugendliche – in der Regel aus „bildungsfernen Familien" – im sogenannten Übergangssystem zwischen Schule und Ausbildung bzw. Beruf. Diese „Warteschleifen" sind häufig Bildungsgänge an berufsbildenden Schulen. In der beruflichen (Grund-) Bildung sollen Defizite, die in einer 10- und mehrjährigen Schullaufbahn nicht behoben werden konnten, nachträglich bewältigt werden. Für diese beachtliche Herausforderung bleibt in vielen Bildungsgängen der Benachteiligtenförderung lediglich 1 Jahr (maximal 2 Jahre). In der derzeitigen Situation an berufsbildenden Schulen bestehen kaum strukturierte Konzepte, die sich an den Lernvoraussetzungen und Lebensbedingungen dieser Schülerinnen und Schüler orientieren. In der Regel wird versucht, diese neue Herausforderung in alte Lösungsansätze zu pressen – mit mäßigem Erfolg.

Benachteiligte Jugendliche wurden sowohl in der wissenschaftlichen Berufsbildungsforschung (vgl. Bojanowski 2006) als auch in der bildungspolitischen Praxis (vgl. Schelten 2006, 2009) lange Zeit kaum berücksichtigt. Ein hohes Maß an sozialer Ungleichheit im Bildungssystem ist nicht nur aus einer normativen Perspektive ein Problem. Abgesehen von Gerechtigkeitsdefiziten (die zwar aktuell diskutiert werden, aber nicht neu sind), sind es urtümlich ökonomische Argumente, die Bildungsarmut zu einem gesamtgesellschaftlichen Problem werden lassen.[1] Neue Anforderungen auf dem Arbeitsmarkt, Fachkräftemangel und Massenarbeitslosigkeit, Finanzierungsdefizite in den sozialen Sicherungssystemen, Integrationsprobleme bei Migranten und der demografische Wandel erlauben es nicht (mehr), einen großen Teil der Jugendlichen in die Perspektivlosigkeit zu entlassen. Bildungsarmut wird zu einem sozialpolitischen Problem (vgl. Allmendinger 1999). Die beste Strategie gegen Bildungsarmut ist zweifelsfrei Prävention (insbesondere frühkindliche Förderung). Allerdings müssen auch Konzepte entwickelt werden, die jene Jungendliche unterstützen, die durch präventive Maßnahmen nicht mehr erreicht werden können.

Das Bundesland Nordrhein-Westfalen hat auf diese Entwicklungen reagiert und das Recht auf individuelle Förderung aller Schülerinnen und Schüler in *allen* Schulen im Schulgesetz verankert. Allerdings muss jede Schule selbstständig Wege finden, dieses Recht umzusetzen. Das aktuell große Interesse von Lehrkräften an Berufskollegs für die Bereiche „individuelle Förderung" und „soziale Benachteiligung" wird durch die umfangreiche Präsenz dieser Themenkomplexe in Fachzeitschriften, Weiterbildungsangeboten und nicht zuletzt auch in den Lehrergewerkschaften und Hochschulen deutlich. Für Schulen stellt sich die Frage, was sie konkret tun können, um sich besser auf diese Schülerinnen und Schülern einzustellen. Hier soll nun ein Konzept (samt seines Entwicklungsprozesses) vorgestellt werden, welches innerhalb der bestehenden Rahmenbedingungen im schulischen Alltag auf die Bedürfnisse dieser Zielgruppe zugeschnitten ist.

In Kapitel 2 wird zunächst die *soziale Ungleichheit im deutschen Schulsystem* skizziert. Das erscheint gerade deshalb notwendig, weil die Schülerklientel, um die es im Weiteren geht, das allgemein bildende Schulsystem erfolglos durchlaufen hat. Folglich macht es wenig Sinn, an Berufskollegs dieselben wenig förderlichen Vorgehensweisen fortzuführen, die für diese Schülerinnen und Schüler bereits in ihrer mindestens 10-jährigen Schullaufbahn ineffektiv waren. Vielmehr ist

[1] Ein interessantes Statement eines prominenten Ökonomen soll hier beispielhaft angefügt werden. Sinn (2006) erkennt in dem gegliederten Schulsystem Überbleibsel der Drei-Klassen-Gesellschaft.

es dem hier verfolgten Ziele dienlich, (systemische) Grundprobleme in ihrer Gesamtheit zu analysieren und Mechanismen herauszustellen, die bei dieser Klientel zu Erfolglosigkeit und Resignation führten. Auch wenn viele Aspekte der sozialen Benachteiligung im Bildungssystem durch die Einzelschule und die Lehrkräfte nicht beeinflussbar sind, ist eine wissenschaftliche Analyse für das Verständnis der Problematik unverzichtbar.

Daraufhin werden in Kapitel 3 die *strukturellen Rahmenbedingungen der Benachteiligtenförderung an berufsbildenden Schulen* beschrieben. Hierbei werden sowohl organisatorische Besonderheiten an Berufskollegs und der Arbeitsalltag der Lehrkräfte als auch die Lern- und Lebensvoraussetzungen der Schülerinnen und Schüler skizziert.

Kapitel 4 wird sich mit *individueller Förderung als Anlass für Schulentwicklung* befassen. Dabei werden Aspekte der Unterrichts- und Organisationsentwicklung eine zentrale Rolle spielen. Neuste Entwicklungen in Bezug auf Methoden der individuellen Förderung und der Schulentwicklung werden aufgegriffen und in Zusammenhang gebracht. Aus einer professions- und organisationstheoretischen Perspektive wird hier der Grundstein zur Entwicklung eines Förderkonzepts für benachteiligte Jugendliche gelegt.

In Kapitel 5 wird ein in der Praxis erprobtes und chronologisch aufgebautes Konzept für ein *Prozessmanagement in der Benachteiligtenförderung* vorgelegt, welches weitreichend die in den vorangegangenen Kapiteln dargestellten Aspekte und Rahmenbedingungen der Benachteiligtenförderung berücksichtigt. Dabei wurden für alle Diagnose-, Förder- und Evaluationsmaßnahmen Formulare entwickelt, die im umfangreichen *Anhang* abgelegt sind. Innerhalb von standardisierten Prozessabläufen können auf jeden Einzelfall zugeschnittene pädagogische Maßnahmen ergriffen werden. Dabei stehen die Prozessplanung und -dokumentation im Mittelpunkt der Überlegungen.

Die gesamte Darstellung des Förderkonzepts bedarf lediglich einer Voraussetzung: die Geisteshaltung von Lehrkräften, die fördern wollen und stattdessen die Schuld nicht bei den Schülerinnen und Schülern oder an anderer Stelle sehen bzw. suchen. Diese „Kleinigkeit“ wird zu einem politischen Problem, welches in Kapitel 6 *Erfahrungen und Reflexion* erläutert wird. Hier werden Reaktionen von Lehrenden und Lernenden auf diesen Schulentwicklungsprozess erläutert. Mit einem *Ausblick*, in dem die bedeutungsvollsten Probleme abschließend beurteilt werden, endet der Text.

Das Konzept zur Förderung benachteiligter Jugendlicher steht im Lichte einer „rationalen Pädagogik“ wie sie Pierre Bourdieu und Claude Passeron (1971) in ihrer umfassenden Studie zum französischen Bildungswesen (mit dem bezeichnenden Titel: „Die Illusion der Chancengleichheit“) gefordert haben. Die rationale Pädagogik zielt auf eine dezidierte Reflexion des schulischen Handelns der Lehrenden und der institutionellen Strukturen, um soziale Benachteiligung erkennen und – soweit es geht – neutralisieren zu können. Hierbei soll insbesondere versucht werden, das unbewusste Mitbewerten der sozialen Herkunft (bspw. in Form von Ausdrucksweise, Disziplin u.ä.) zu vermeiden. Denn Vieles von dem, was die Schule lehren könnte bzw. sollte, wird in der Schule implizit vorausgesetzt. Gleichzeitig sollte dabei nicht aus „Rücksicht“ auf bestehende Leistungsrückstände oder Lebensumstände der Bildungsanspruch gesenkt werden. Die Bildungsziele sollten für alle Schülerinnen und Schüler einen gleichartigen Anspruch haben und lediglich durch variable Lernwege differenziert werden.

Die berufliche Benachteiligtenförderung ist strukturell in den sogenannten Übergangssektor integriert, der – so wird die Diagnose lauten – ineffektiv und unstrukturiert ist. „Immer noch gibt es zu wenige positive Integrationsmodelle, die mit einer individuellen Förderung Chancen der nachhaltigen Wiedereingliederung bieten. Diese Fragen verstärken sich noch angesichts des weiterhin ablaufenden Verdrängungseffekts auf Ausbildungs- und Arbeitsplätzen durch Bewerber mit mittleren und höheren Bildungsabschlüssen“ (Bojanowski 2008, S. 42). Das hier entwickelte Konzept versucht einen solchen Beitrag zu leisten und ist aus dieser Perspektive ein anspruchsvoller Versuch, die rationale Pädagogik auf der Ebene der Organisation in der beruflichen Benachteiligtenförderung zu etablieren.

2. Soziale Benachteiligung im deutschen Schulsystem

In diesem Kapitel werden die Kernprobleme des deutschen allgemein bildenden Schulsystems skizziert. Hierfür werden verschiedene Facetten sozialer Benachteiligung anhand empirischer Daten zu Bildungsbeteiligung und Kompetenzerwerb dargestellt und mit gängigen Selektionsinstrumenten in Verbildung gesetzt. Zuletzt werden Kosten und Effekte des bestehenden Systems kritisch diskutiert.

Exkurs: Was bedeutet Benachteiligung?

Zu Beginn sollte jedoch geklärt werden, was unter sozialer Benachteiligung und damit unter benachteiligten Jugendlichen verstanden wird: „Benachteiligung" ist eine äußerst vieldeutige und vielseitig anwendbare Bezeichnung. Gleichberechtigung *und* Gleichstellung (bspw. nach Geschlecht und Herkunft) sind in kaum einem Lebensbereich verwirklicht. Ab wann jemand als benachteiligt bezeichnet werden kann, ist in besonderem Maße von vorzunehmenden Definitionen abhängig. In Bezug auf Bildung kann Chancengleichheit (als Gegenteil von Chancenbenachteiligung) in zwei Grundmodellen kategorisiert werden: *Erstens* das Proporzmodell, wonach von Benachteiligung die Rede ist, wenn eine Gruppe (bspw. nach sozialer Herkunft oder Geschlecht) anteilsmäßig auf allen hierarchischen Ebenen des Bildungssystems so vertreten ist wie in der Gesamtbevölkerung; *zweitens* das meritokratische Modell, wonach – unabhängig von der Gruppenzugehörigkeit – die individuellen Kompetenzen und Leistungen den Bildungsverlauf prägen. Während das erste Modell nach kollektiver Benachteiligung fragt und somit die Entstehung von Leistungsfähigkeit in den Blick nimmt, geht es bei dem zweiten Modell nur um die individuelle Leistungsfähigkeit, wobei die Entstehungsbedingungen unhinterfragt bleiben. Geißler (2008) zeigt in seinem Beitrag, dass nach beiden Modellen die Merkmale „soziale Herkunft" und „Migrationshintergrund" benachteiligende Effekte für die Bildungskarriere mit sich ziehen, dass also zum einen die Herkunft die Leistungsergebnissen beeinflusst und gleichzeitig die Schichtzugehörigkeit auch zu einer schlechteren bzw. besseren Bewertung der Leistungen führt.

In Abgrenzung zu diesen analytischen Modellen wird von Bojanowski (2008) der Begriff „Benachteiligung" zur Beschreibung realer Probleme junger Menschen im Vergleich zum gesamten Schüler-/Auszubildendenmarkt verwendet. Seine Definition lautet folgendermaßen: „Allgemein gelten Jugendliche und junge Erwachsene dann als benachteiligt, wenn in ihren Bildungsbiographien zu irgendeinem Zeitpunkt Probleme beim Übergang von der Schule zur Berufsausbildung bzw. von der Berufsausbildung in die Erwerbstätigkeit/Beschäftigung auftreten; die PISA-Studie spricht von Risikojugendlichen" (Bojanowski 2008, S. 33).

Bojanowskis Definition geht in Anschluss an Bohlinger (2004) über Chancenbenachteiligung hinaus und umfasst sowohl soziale Faktoren (wie soziale Schicht, Nationalität, Geschlecht, regionale Herkunft) als auch individuelle Faktoren (wie kognitive, psychische und physische Beeinträchtigungen) sowie Brüche in der Schulbiographie und Marktbenachteiligung (bspw. durch die konjunkturelle Lage). Die eher analytische Betrachtungsweise von Geißler und die konkreter auf Lebenslagen von Jugendlichen zielenden Definitionen von Bojanowski und Bohlinger können entsprechend als komplementäre Begriffsbestimmungen verstanden werden und dienen als Grundlage für die weitere Analyse.

2.1 Zusammenhang von Sozialer Ungleichheit und Bildung

Im internationalen Vergleich zeigen sich im deutschen (Schul-) Bildungssystem zwei problematische Entwicklungen: Die erste bezieht sich auf Bildungsbeteiligung, also auf Schulbesuch und Abschlüsse, die andere auf Kompetenzerwerb, also auf Leistungsfähigkeit im weiteren Sinne. Aus beiden Perspektiven lassen sich empirisch die zentralen Schwächen des deutschen Bildungssystems zeigen. *Einerseits* ist der Anteil derjenigen mit tertiärem Bildungsabschluss in Deutschland mit etwa 25 Prozent vergleichsweise gering. Gleichzeitig erhalten 32,2 Prozent eines Jahrgangs höchstens einen Hauptschulabschluss (und 10 Prozent nicht einmal diesen) und können folgerichtig als „zertifikatsarm" bezeichnet werden (vgl. Allmendinger/Helbig 2008). *Andererseits* zeigt PISA, dass 20 Prozent der 15-Jährigen höchstens Kompetenzstufe I im Lesen erreichen und damit nicht den Herausforderungen einer komplexen Gesellschaft gewachsen sind. Beide Sachverhalte, Zertifikats- und Kompetenzarmut, werden einer Gesellschaft, die sich als „Wissensgesellschaft" tituliert und in der life-long-learnig und employability wie selbstverständlich diskutiert werden, nicht gerecht.

Zu einer *sozialen* Frage wird dieser Umstand spätestens dann, wenn wir den Blick auf diejenigen richten, die von Bildungsarmut betroffen sind. Soziale Herkunft, Migrationshintergrund und Geschlecht stellen Merkmale dar, die die Bildungskarrieren von Lernenden auf beträchtliche Weise determinieren. War vor einigen Jahrzehnten noch die Arbeitertochter der bildungspolitische „Problemfall", so werden heute Jungen, insbesondere Migrantensöhne, strukturell benachteiligt (vgl. Geißler 2008). Abbildung 1 zeigt die Zusammenhänge zwischen kultureller Herkunft, Geschlecht und Bildungserfolg. Frauen schneiden insgesamt besser ab als Männer, sie verlassen die Schule seltener ohne Abschluss und schaffen häufiger höherwertigere Abschlüsse. Allerdings ist auch zu erkennen, dass ausländische Absolventinnen tendenziell schlechtere Abschlüsse erreichen als deutsche Männer, und somit die kulturelle Herkunft noch stärkeren Einfluss auf die Bildungsbeteiligung hat als das Geschlecht. Daher entsteht in Abbildung 1 eine diametrale, pyramidenförmige Verteilung von Abschlüssen auf die vier Merkmalsgruppen. Zudem sind der Bildungsstand und die Schichtzugehörigkeit der Eltern von großer Bedeutung für den Bildungs(miss)erfolg der Nachkommen. Das gilt für die Bildungsbeteiligung (Schulform/Abschlüsse) genauso wie für den Kompetenzerwerb (wissenschaftlich gemessene Schülerleistungen).[2]

---

[2] Hierzu finden sich in den vielen Veröffentlichungen des Deutschen PISA Konsortiums eine ganze Reihe von Daten, vgl. bspw. Deutsches Pisa Konsortium 2003.

Abbildung 1: Deutsche und ausländische AbsolventInnen nach Abschlussarten und Anteilen in Deutschland im Entlassungsjahr 2003

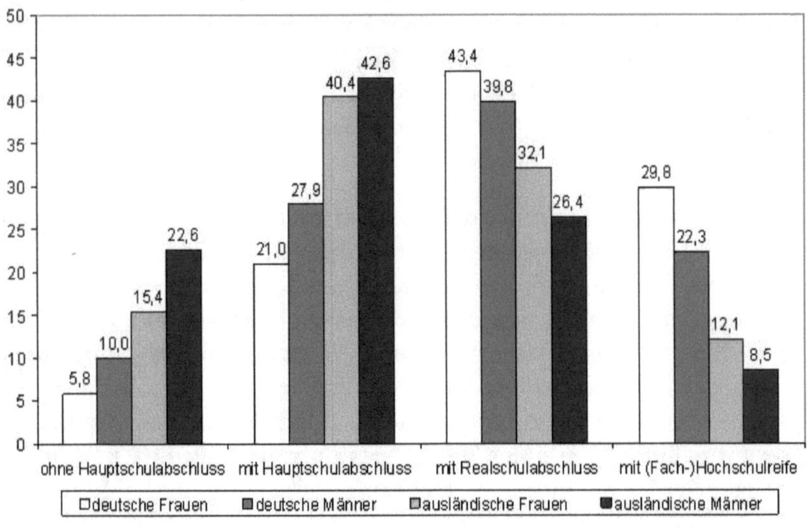

Quelle: BMFSFJ (2005)

Neben den bisher beschriebenen vertikalen Ungleichheiten stehen Differenzierungen in Bezug auf Bildungsbeteiligung und Kompetenzerwerb zwischen den deutschen Bundesländern. Diese horizontalen Ungleichheiten werden in Tabelle 1 sichtbar. Während in Bayern nur 20 Prozent eines Abschlussjahrgangs die Schulzeit mit der allgemeinen Hochschulreife beenden, sind es in Hamburg und Berlin über 35 Prozent. Diese ungleichen Verteilungen entsprechen nicht Unterschieden in der Leistungsfähigkeit, sondern sind Resultat föderal organisierter Schulpolitik(en). Ebenso unterschiedlich ist das Risiko eines Sonderschulbesuchs im Bundesländervergleich: Während 2,2 Prozent eines Jahrgangs (8.-Klässler) im Saarland eine Sonderschule besuchen, sind es in Mecklenburg-Vorpommern immerhin 11,3 Prozent.[3]

Die Problematik des deutschen Schulsystems zeigt sich aus der Makroperspektive in zweierlei Hinsicht: *Einerseits* wird eine vertikale Benachteiligung von Kindern und Jugendlichen aus bildungsfernen Familien bzw. mit Migrationshintergrund deutlich; *andererseits* ist zu erkennen, dass horizontale Benachteiligungen durch unterschiedliche bildungspolitische Zielsetzungen auf Länderebene bestehen. Beide Formen der Ungleichheit verstärken sich wechselseitig und führen dazu, dass bspw. in den kompetenzstärksten Ländern wie Bayern und Baden-Württemberg, in denen Abschlüsse restriktiver vergeben werden, der Zugang zu einem höheren Abschluss stärker sozial selektiert wird, als dies in anderen Bundesländern der Fall ist (vgl. Ditton 2008). Gleichzeitig wird in den Bundesländern, die sozial Benachteiligten den Zugang zum Abitur stärker ermöglichen (bspw. NRW oder Berlin), diese Durchlässigkeit mit dem Preis einer Marginalisierung der Hauptschule als „Restschule" bezahlt (vgl. Becker/Lauterbach 2008), was Hauptschulen zunehmend zu sozialen Brennpunkten werden lässt. Dieser Zusammenhang gibt der Problematik der beruflichen Benachteiligtenförderung eine besondere Brisanz, da sowohl die Kompetenzschwäche als auch die Diffamierung von Hauptschülerinnen und Hauptschülern bzw. Sonderschülerinnen und Sonderschülern ein äußerst ungünstiges Ausmaß ereicht hat.

[3] Es sei hier erwähnt, dass es in kaum einem anderen Industriestaat der Welt überhaupt Sonderschulen gibt.

Tabelle 1: Hochschulreife, Sonderschulbesuch und Kompetenzniveau in ausgewählten Bundesländern

	Anteil der Personen mit allgemeiner Hochschulreife des Abschlussjahrgangs[4] 2006	Mittleres Kompetenzniveau im Lesen[5] [PISA-E 2003]	Anteil der Schüler/-innen auf Sonderschulen 2006 (8-Klässlern)	Anteil der Schüler/-innen unter oder auf Kompetenzstufe I im Lesen [PISA-E 2003]
Bayern	20,0	518 (1.)[6]	3,5	14,1
Baden-Württemberg	22,9	507 (2.)	4,4	17,2
Mecklemburg-Vorpommern	25,5	473 (15.)	11,3	25,3
Deutschland, gesamt	25,6	491	4,8	---
Saarland	26,0	485 (8.)	2,2	21,6
NRW	28,1	480 (12.)	4,6	25,5
Berlin	35,6	481 (10.)	4,4	24,4
Hamburg	35,6	478 (13.)	6,6	27,6

Quelle: Statistisches Bundesamt 2007; Deutsches PISA-Konsortium 2005

Durch diese beschriebenen „Unregelmäßigkeiten“ manifestiert sich eine Abkoppelung von Kompetenzen und Zertifikaten und damit eine vielschichtige Ungerechtigkeit (soziale Herkunft *und* bundeslandspezifische Ausprägung des Schulsystems).

[4] Nur allgemein bildende Schulen.

[5] Lesekompetenz ist nachweislich von entscheidender Bedeutung für den schulischen Erfolg von Schülerinnen und Schülern und korreliert bspw. auch mit den Fähigkeiten im Mathematik.

[6] In Klammern: Platzierung im innerdeutschen Vergleich.

2.2 Selektionsmechanismen und Exklusion

Die IGLU-Studie macht deutlich, dass die Ergebnisse von deutschen Grundschulkindern insgesamt besser sind als dies in der Sekundarstufe I der Fall ist (vgl. Bos u.a. 2003). Die Primarstufe kann des Weiteren soziale Unterschiede kompensieren – zumindest verstärkt sie diese nicht. Die Tatsache, dass sich nach der Grundschulzeit der Übergang in das faktisch 5-gliedrige Schulsystem (bestehend aus Sonder-, Haupt-, Real- und Gesamtschule sowie Gymnasium) vollzieht, lässt diesem selektiven Wechsel in verschiedene Typen der Sekundarstufe besondere Bedeutung zukommen. Die Praktiken der „Überweisung" auf verschiedene Schulformen nach der Grundschule verstärken soziale Ungleichheit nachweislich: Elterliche Bildungsaspiration und Kosten-Nutzen-Abwägungen haben einen (zu) großen Einfluss auf die gewählte Schulform (vgl. bereits Boudon 1974). Insbesondere Familien aus bildungsfernen Milieus können mangels Erfahrungen den Aufwand und die Erfolgschancen auf höheren Schulen kaum abschätzen und entscheiden sich häufig für den vermeintlich einfacheren Weg. Die vorausgesetzte Mitarbeit der Eltern bei der Lernentwicklung ihrer Kinder verstärkt die Tendenz der Vererbung von Bildungsaffinitäten weiter (vgl. Solga/Wagner 2008; Hillmert 2008). So zeigt beispielsweise Kirsten (2002), dass die ethnische Herkunft für den Übergang von Grund- zur Hauptschule eine Rolle spielt, selbst dann, wenn die Schulnoten kontrolliert werden.

Etwa 90 Prozent der Schülerinnen und Schüler verbleiben, trotz der formellen Möglichkeit eines Schulwechsels, in der Schulform, die nach der Grundschule „vorgesehen" wurde. In den wenigen Fällen, in denen es zu einem Wechsel kommt, handelt es sich meist um einen Abstieg, also um einen Wechsel vom Gymnasium zur Realschule bzw. von der Real- zur Hauptschule oder zur Sonderschule. Wenn von Durchlässigkeit die Rede ist, so muss konstatiert werden, dass es sich empirisch betrachtet um Korrekturen „nach unten" handelt (vgl. Bellenberg u.a. 2004).

Während noch in den 1950ern die Hauptschule relativ heterogen zusammengesetzt und das Gymnasium lediglich für eine kleine, homogene Gruppe vorbestimmt war (10-15 Prozent eines Jahrgangs), hat sich die soziale Zusammensetzung der Schülerschaft diametral gewandelt. Das Gymnasium ist heute die sozial heterogenste Schulform und die Hauptschule die sozial homogenste (vgl. Baumert/Schümer 2001, S. 371). Die Entmischung der Hauptschule geht einher mit sozialer Verarmung und fördert die Entstehung einer ungünstigen Lernumwelt. Betrachtet man die Mitschülerinnen und Mitschüler als aktivierbare soziale Ressource, so ist die Schülerschaft gemeinsam mit den familiären Verhältnissen die entscheidende Größe zur Erklärung sozialer Benachteiligung im Schulsystem. Damit sind Hauptschülerinnen und Hauptschüler doppelt benachteiligt: „Da der Erfolg in unserem Schulsystem – wie der Zusammenhang von sozialer Herkunft und Schulleistung ausweist – besonders von der außerschulischen Vorbildung, der Lernmotivation, den habitualisierten Lerngewohnheiten sowie der Sprachbeherrschung abhängig ist, ist die jeweilige Schulumgebung für Kinder aus sozial benachteiligten Familien besonders wichtig" (Solga/Wagner 2008, S. 197). Durch die Schulkomposition können also familiäre Ungleichheiten verstärkt oder kompensiert werden.

Wenn Beck (1985) von einem Fahrstuhleffekt spricht, wonach alle eine Etage höher gefahren seien, so trifft dieser Umstand bei Weitem nicht für Hauptschülerinnen und Hauptschüler zu.[7] Sie sind in ihrer Etage verblieben und damit ist die soziale Distanz zwischen diesen „Zurückgelassenen" und Jugendlichen auf höheren Schultypen größer geworden (vgl. Solga/Wagner 2008). Demnach führte die quantitative Bildungsexpansion in Deutschland nicht zu einer strukturellen (qualitativen) Veränderung sozialer Benachteiligung durch schulische Selektionsprozesse, sodass das „Schulversagen" (von Hauptschülerinnen und Hauptschülern) immer stärker als „individuelles

[7] Allerdings muss betont werden, dass das Phänomen der Unterschichtung die These des Fahrstuhleffekts nicht zwingend schwächt. Die Tatsache, dass gezielt bildungsferne Arbeitskräfte importiert wurden, ermöglichte der einheimischen Bevölkerung moderate soziale Mobilität. Dieser Aufstieg wurde mit dem Import einer neuen Unterschicht finanziert und wird heute teuer bezahlt. Auch Beck betont heute, dass die "neue" Unterschicht nichts mehr mit jener der 1960er gemeinsam habe. Gleichzeitig haben die meisten Migranten ihre Lebensverhältnisse im Migrationsprozess verbessert. In dieser weitergefassten Interpretation lässt sich die These des Fahrstuhleffekts weiter aufrecht halten.

Versagen" legitimierbar (gemacht) wird. Dies wird auch dadurch deutlich, dass bildungspolitische Maßnahmen der Benachteiligtenförderung üblicherweise erst *nach* Verlassen der Hauptschule einsetzen und diese Jugendlichen dann wieder „unter sich" sind. Solchen Förderprogrammen wird offensichtlich nicht ein systemisches, sondern lediglich ein individuelles Versagen zugrundegelegt.[8]

Welchen Beitrag beispielsweise das Lehrerhandeln für die Bildungsungleichheit hat, wird ersichtlich, wenn man betrachtet, wie *Schulnoten* zustande kommen. Insgesamt kann festgestellt werden, dass Lehrerurteile und Leistungsbeurteilungen in der Schule, insbesondere Schulempfehlungen für die weiterführenden Schulen, wenig aussagekräftig sind. Es werden nicht nur die kognitiven Fähigkeiten, sondern auch gute Umgangsformen, positives Sozialverhalten, Ausdrucksfähigkeit, Disziplin u.v.m. bewertet (vgl. Ditton 2008). Habitus und soziale Herkunft werden dadurch immer implizit mitbewertet – zum Nachteil von Kindern und Jugendlichen aus bildungsferneren Familien. Somit werden beträchtliche Teile dessen vorausgesetzt, was die Schule eigentlich lehren soll (vgl. auch Böttcher 2002; Bourdieu u.a. 1981). Leistungen werden insgesamt intuitiv und uneinheitlich beurteilt. Diese beträchtlichen Interpretationsspielräume erklären Leistungsüberschneidungen zwischen Lernenden sowie zwischen Schulklassen verschiedener Schulformen.[9]

Eine weitere, stark verbreitete Praxis zur Homogenisierung von Lerngruppen ist das „Sitzenbleiben". In Deutschland wiederholen jährlich etwa 2,9 Prozent der Schülerinnen und Schüler eine Jahrgangsstufe. Dieser Wert erscheint auf den ersten Blick gering. Im Laufe der Schuljahre summiert sich das Ganze, sodass etwa 25 Prozent der 15-Jährigen mindestens einmal eine „Ehrenrunde" gedreht

---

[8] Auch die vorliegende Arbeit orientiert sich (notwendigerweise) an diesen strukturellen Bedingungen, ohne von einem individuellen Versagen auszugehen. Es wird also von einem Versagen der Schule und nicht von Schulversagern ausgegangen.

[9] So zeigen die PISA Ergebnisse, dass es zu massiven Leistungsüberschneidungen zwischen den Schulformen kommt, selbst beim Vergleich von Schülerinnen und Schülern an Hauptschulen und Gymnasien (vgl. bspw. Deutsches PISA-Konsortium 2003).

haben (vgl. Krohne/Tillmann 2006). Damit hält Deutschland einen Spitzenplatz in der OECD inne. Nur Frankreich liegt mit 42 Prozent deutlich darüber. Länder wie Schweden und Japan – beide belegen im PISA-Ranking Spitzenplätze – liegen bei unter 1 Prozent (vgl. Prenzel u.a. 2004, S. 285). Die Tatsache, dass erfolgreiche Bildungssysteme auf Klassenwiederholungen verzichten, lässt bereits Zweifel an ihren Wirkungen zu. Empirische Befunde bestärken diese Vermutung: Klassenwiederholungen sind weder für die Sitzenbleiber noch für die versetzten Schülerinnen und Schüler von Vorteil. Im Gegenteil: Sitzenbleiber werden in der Regel noch schlechter, die versetzten Schülerinnen und Schüler haben keinen messbaren Vorteil (vgl. Krohne/Tillmann 2006; Bless u.a. 2004).

Die in Abbildung 2 dargestellte Verteilung der von Klassenwiederholungen Betroffenen macht sichtbar, wie sehr dieses Selektionsinstrument sozial benachteiligend wirkt, insbesondere in Bezug auf Schülerinnen und Schüler mit Migrationshintergrund.[10] Für sie ist die Gefahr, bereits in der Grundschulzeit sitzen zu bleiben, 4 Mal so groß wie für Kinder ohne Migrationshintergrund. Dieser Sachverhalt erscheint eine logische Folge der beschriebenen Praxis der Notengebung zu sein. Gomolla und Radtke (2002) identifizieren in ihren Studien eine Vielzahl von Mechanismen der Institutionellen Diskriminierung und kommen, insbesondere im Zusammenhang mit Migrantenkindern, zu dem Schluss, dass „Schulerfolg und -misserfolg nicht nur von den eigenen Leistungen der SchülerInnen, sondern auch von Entscheidungspraktiken der Schulen abhängen, die in ihre institutionellen und organisatorischen Strukturen eingelassen sind“ (S. 334).

---

[10] Die Beschränkung auf Migrationshintergrund als benachteiligende Dimension in der Abbildung soll nicht darüber hinweg täuschen, dass dieser Zusammenhang auch für die soziale Schichtzugehörigkeit nachweisbar ist. Krohne/Tillmann (2006) weisen ausdrücklich darauf hin.

Abbildung 2: **Jahrgangsspezifische Repetentenquoten von 15-Jährigen aus Familien mit und ohne Migrationshintergrund**[11]

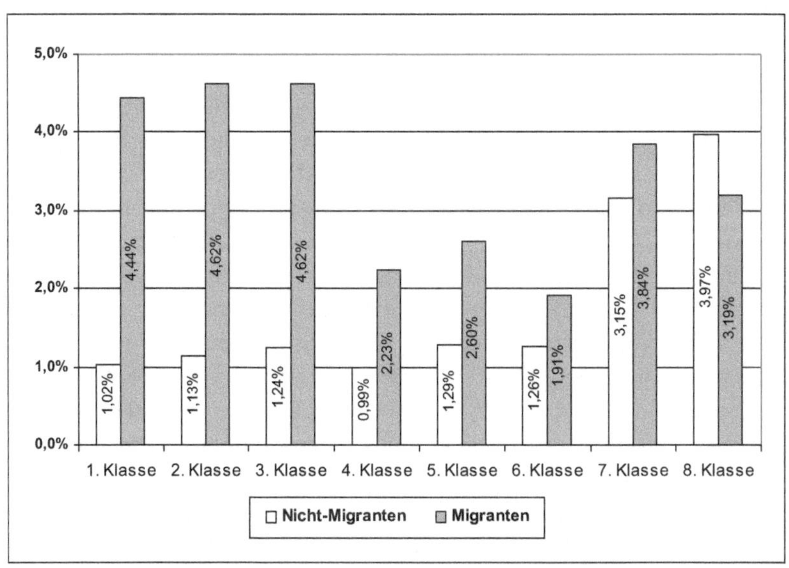

Quelle: Krohne/Meier/Tillmann 2004, S. 385

2.3 Kosten und Effektivität des Bildungssystems

Die bisher beschriebenen Handlungslogiken des Schulsystems lassen bereits erste Zweifel daran begründen, dass eine bessere finanzielle Ausstattung dieses Schulsystems den gewünschten Effekt bewirken würde, insbesondere dann, wenn wirklich mehr Chancengerechtigkeit als Ziel proklamiert wird. Diese Zweifel werden bestärkt, wenn sich der Blick auf die Ausgabenstruktur in den verschiedenen Bildungsstufen richtet. Tabelle 2 zeigt die Ausgaben je Schüler in

[11] In dieser Studie wurden in die Gruppe der Schülerinnen und Schüler mit Migrationshintergrund nur jene aufgenommen, deren Eltern beide im Ausland geboren wurden.

Deutschland, Schweden und im OECD-Durchschnitt. Deutschland weist unterdurchschnittliche Ausgaben auf allen Ebenen der Ausbildung auf – mit Ausnahme der Sekundarstufe II. Allerdings sind die Ausgaben für den Primarbereich überproportional geringer als für den Hochschulbereich. Mit zunehmendem Alter der Schülerinnen und Schüler nähern sich die Ausgaben in Deutschland dem OECD-Durchschnitt sowie jenen in Schweden an bzw. übersteigen diese. Es lässt sich zusammenfassend festhalten: Je erziehungsbedürftiger ein Mensch ist, desto weniger beteiligt sich die öffentliche Hand an der Sozialisation und umso stärker liegt die Verantwortung in der Familie, die dann je nach familiärer Ressourcenausstattung mit ökonomischem und Bildungskapital den Nachwuchs fördert oder eben nicht. Oder andersherum: Je weniger Lernende an den Bildungsinstitutionen teilhaben, desto höher die staatliche Finanzierung dieser Bildungsinstitutionen. Dieser Sachverhalt wird im Vergleich mit Schweden deutlich sichtbar: Die Ausgaben für ein schwedisches Grundschulkind sind jährlich um 44 Prozent höher als die Ausgaben, die in Deutschland für ein Schulkind in der Primarstufe getätigt werden – bei Jugendlichen in der Sekundarstufe II überbietet Deutschland sowohl Schweden als auch den OECD-Durchschnitt.[12]

Tabelle 2: Ausgaben für Bildung je SchülerIn 2006

(In PPP-US-Dollar und prozentuale Abweichungen im Verhältnis zu Deutschland)

	Primarbereich		**Sekundarstufe I**		**Sekundarstufe II** (ohne berufliche Sch.)		**Hochschule** (ohne Forschung)	
Deutschland	5.362		6.632		9.163		7.996	
OECD-Durchschnitt	6.437	+ 20 %	7.544	+ 14 %	8.486	- 7 %	8.455	+ 6 %
Schweden	7.699	+ 44 %	8.365	+ 26 %	8.610	- 6 %	8.855	+ 11 %

Datenquelle: OECD 2009

[12] Zur genauen Ausgabenstruktur für Bildung und bezüglich der historischen Hintergründe dafür, vgl. Schmidt 2003. Er verweist u. a. auf die besondere Bedeutung sozialpolitischer Ausgaben, die in Deutschland traditionell einen höheren Stellenwert genießen als Bildungsinvestitionen.

Wenn man bedenkt, dass Schweden eine Klassenwiederholungsquote von unter 1 Prozent hat und in Deutschland etwa 25 Prozent aller Jugendlichen bis zum Ende ihrer Schulpflicht mindestens einmal „eine Ehrenrunde drehen", werden diese Prioritätensetzungen fragwürdig. Das Sitzenbleiben kostet bundesweit jährlich etwa 1,2 Mrd. Euro, die Personalkosten alleine belaufen sich auf 892,5 Mio. Euro (vgl. Frein/Möller 2005; Statistisches Bundesamt 2003/04). Die mit einer Klassenwiederholung verbundenen Kosten für die Eltern sowie die Kosten durch den verspäteten Berufseintritt sind in diesen Modellrechnungen nicht enthalten. Klassenwiederholungen sind – wie es Bless u.a. (2004) bezeichnen – teuer und nutzlos.

Bei genauerer Betrachtung der Logik des Schulsystems kann man erkennen, dass sich die finanzielle Ausstattung von Schulen, insbesondere die Anzahl der Lehrerstellen, hauptsächlich auf Grundlage der Anzahl der Schülerinnen und Schüler berechnet. Provokant ausgedrückt: Das Sitzenbleiben eines Schülers erhöht im kommenden Jahr die Anzahl der Schülerschaft. Andersherum: Eine Schule, die sich bemüht, auch Problem-Schüler zu fördern und nicht (sofort) zu selektieren, wird nicht nur *nicht* belohnt, sondern – ganz im Gegenteil – sie kann je nach Entwicklung der Schülerzahlen sogar durch Lehrstellenkürzungen bestraft werden. Es bestehen also keine Anreizsysteme zur Vermeidung von Klassenwiederholungen bzw. von Schulwechseln – weder für einzelne Lehrkräfte noch für die einzelne Schule. Die Einführung des „Gütesiegels Individuelle Förderung" durch das Ministerium NRW, mit dem „gute Schulen" ausgezeichnet werden, ist zwar ein erster Schritt in die richtige Richtung, allerdings mit nur sehr begrenzter Wirkung (mehr zum Gütesiegel vgl. Chance NRW 2009).

Statt einer Diskussion über Anreizstrukturen im Schulsystem wird in der Öffentlichkeit häufig über sehr kostenintensive Verbesserungsmaßnahmen gesprochen. Die Forderung nach kleineren Klassenverbänden wird mittlerweile von allen politischen Akteuren befürwortet. Ob eine Veränderung der Klassengrößen bei gegebenen Anreizstrukturen die Schülerleistungen verbessert, ist aus der Perspektive der Unterrichts- und Schulforschung mehr als umstritten (vgl. im Brahm 2006). Einige Studien deuten darauf hin, dass Unterrichtsqualität und Schülerkomposition viel entscheidender für den Lernerfolg sind als die Veränderung der Schüler-Lehrer-Relation innerhalb einer Lerngruppe. Zu betonen ist ferner, dass die beiden teuersten Schulformen mit einer optimalen durchschnittlichen Klassengröße Haupt- und Förderschulen sind.

Die Tatsache, dass mit Eintritt eines Kindes in das Schulsystem die Mitarbeit der Eltern bei der Lernentwicklung vorausgesetzt wird, fördert die Benachteiligung bildungsferner und einkommensschwacher Familien. Etwa 33 Prozent der 9.-Klässler, die in PISA 2000 untersucht wurden, nahmen Nachhilfe in Anspruch (vgl. Rauschenbach u.a. 2004, S. 388). Nachhilfe wird dadurch zu einem lukrativen Geschäft mit wachsender Nachfrage, welche mittlerweile von mehreren expandierenden Unternehmen bedient wird. Diese Entwicklung benachteiligt diejenigen Gruppen, die sich diese Dienstleistung nicht leisten können.

Das deutsche Schulsystem setzt schon früh auf Selektion statt auf Förderung, was sowohl die Ausgabenstruktur im Ausbildungsverlauf als auch verschiedene Homogenisierungsmaßnahmen[13] gezeigt haben. Alle Schülerinnen und Schüler, die ein Berufskolleg besuchen, haben dieses Schulsystem durchlaufen. Daher ist ein gewisses Grundlagenwissen für die Arbeit in der beruflichen Bildung, insbesondere innerhalb der beruflichen Benachteiligtenförderung, von großer Bedeutung. Das Wissen um diese Strukturen kann wichtige Anknüpfungspunkte liefern, damit gerade die Mechanismen, die einigen Schülerinnen und Schülern die Teilhabe an Bildung bisher nicht ermöglicht haben, in der Form modifiziert werden, dass diesen Jugendlichen eine zweite Bildungschance ermöglicht wird. Nachdem bisher strukturelle Bedingungen im allgemein bildenden Schulsystem beschrieben wurden, soll es im Weiteren darum gehen, die strukturellen Bedingungen an berufsbildenden Schulen zu analysieren, um daran anschließend die gestalterischen Möglichkeiten für Schulmanagement und pädagogisches Handeln herauszustellen.

---

[13] Sehr frühe Notengebung, frühe Differenzierung der Sekundarstufe und Klassenwiederholungen sollen hier nochmals beispielhaft erwähnt werden.

3. Rahmenbedingungen in der Benachteiligtenförderung

In diesem Kapitel werden die Bedingungen dargestellt, unter denen die Arbeit mit benachteiligten Jugendlichen erfolgt. Diese Bedingungen sind durch die Einzelschule kaum beeinflussbar und müssen folglich bei jedem Bemühen um Schulentwicklung besondere Berücksichtigung finden. Daher werden zunächst die schulspezifischen Strukturen und Arbeitsbelastungen der Lehrkräfte skizziert, um daran anschließend die speziellen Lebensbedingungen und Lernvoraussetzungen der Schülerschaft zu beschreiben.

3.1 Strukturen eines Berufskollegs und der Arbeitsalltag der Lehrkräfte

Die Bildungsgänge eines Berufskollegs erstrecken sich von der Berufsschule (Ausbildungsklassen im dualen System: Teilzeitschule und Betrieb) und der Fachschule (berufliche Weiterbildung) über die Höhere Berufsfachschule und das berufliche Gymnasium (zur Erlangung der Fach- bzw. Allgemeinen Hochschulreife) bis hin zu den Bildungsgängen der Benachteiligtenförderung (Einfache Berufsfachschule, Berufsgrundschuljahr, Berufsvorbereitungsjahr, Jugendliche ohne Ausbildungsverhältnis). Die Lehrkräfte an berufsbildenden Schulen müssen also eine Reihe von Lehrplänen, Richtlinien, Rahmenvorgaben, Verordnungen etc., die zudem jährlich erweitert bzw. überarbeitet werden, beachten.

Die didaktischen Konzeptionen, an denen sie sich zu orientieren haben, wandeln sich ebenso fundamental: Die Vorstellung von „gutem Unterricht" veränderte sich im Laufe der letzten Jahrzehnte vom Prinzip der „Machbarkeit" (Behaviorismus) über das Prinzip der „Selbstentfaltung" (Reformpädagogik) hin zum Prinzip der „Selbstorganisation" (Konstruktivismus).[14] Die Schwierigkeit des *Unterrich-*

[14] Diese großen pädagogischen und didaktischen Wendungen in den Richtlinien, die sich wieder verändert hatten, bevor sie umgesetzt wurden, haben offensichtlich eher zu Verunsicherung und Veränderungsresistenz als zu einer Verbesse-

tens stellt sich für Lehrkräfte folgendermaßen dar: Sie sind als Fachlehrkraft für bis zu 250 Schülerinnen und Schüler gleichzeitig verantwortlich. Diese befinden sich in durchschnittlich 4 verschiedenen Bildungsgängen, die zwischen einem und drei Jahren andauern. Diese Lerngruppen verfügen dementsprechend über unterschiedliche Leistungsfähigkeiten: In manchen Klassen verfügen alle über eine Hochschulzugangsberechtigung (etwa Bankkaufleute), andere machen nachträglich einen Hauptschulabschluss (etwa Berufsvorbereitungsjahr). Entsprechend kann weder inhaltlich noch didaktisch von vergleichbaren Schwerpunktsetzungen gesprochen werden. In den Arbeitsalltag von Lehrkräften sind ferner Tätigkeiten wie Dienstbesprechungen, Fach- und Notenkonferenzen, Eltern- und Ausbildersprechtage sowie die Konzipierung und Korrektur von Klassenarbeiten, Nach- und Abschlussprüfungen, die teilweise von der Bezirksregierung begutachtet werden müssen, integriert. In regelmäßigen Intervallen (in der Regel alle zehn Unterrichtswochen) ist die Lehrkraft zudem verpflichtet, allen Lernenden eine konkrete Leistungsrückmeldung, bspw. in Form von Quartalsnoten, zu geben. Das gilt sowohl für fachliche Leistungen wie auch für das Arbeits- und Sozialverhalten. Allein schon die Herausforderung, alle Lernenden angemessen kennen zu lernen, um ihnen eine faire und transparente Leistungsbeurteilung zukommen zu lassen, erweist sich bereits als Schwierigkeit. Die Verwaltung der Schülerdaten (bspw. Anmeldungen in den Bildungsgängen oder Fehlzeiten), die Planung von Ausflügen und die Organisation der Elternarbeit (bspw. Klassenpflegschaft) kommen für die Klassenleitung zusätzlich hinzu.

Diese vielfältigen Arbeitsbelastungen führen dazu, dass die Benachteiligtenförderung häufig das Stiefkind in der Hierarchie der Aufgaben darstellt. Das Unterrichten in „schwierigen" Klassen wird in vielen Kollegiumskulturen weniger als pädagogische Herausforderung, sondern eher als Strafe interpretiert. Denn in der Arbeit mit

---

rung der Unterrichtsqualität geführt. Von Lehrkräften werden diese Paradigmenwechsel häufig als "pädagogische Züge" bezeichnet, auf die man aufspringen kann, was sich allerdings häufig nicht lohne, da diese Züge genauso schnell revidiert werden, wie sie gekommen seien. Die Erkenntnis, dass die Entscheidungsebene nicht schneller sein sollte als die Ausführungsebene (vgl. Kruse o.J.), bestätigt sich hier offensichtlich.

sogenannten „Schulversagern“ kommen weitere Aufgaben hinzu: Pflege einer angemessenen Umgangsform, Durchsetzung der Schulpflicht, Berücksichtigung kultureller und ethnischer Unterschiede, Streitschlichtung, Konfliktgespräche, Hilfe bei häuslichen Schwierigkeiten, Pausengespräche, Telefonate mit Eltern und Jugendamt etc.

In weiten Teilen der berufsbildenden Schulen sind Auszubildende, also Schülerinnen und Schüler, die in Betrieben arbeiten und in Teilzeitform die Berufsschule besuchen (Duales System), die Minderheit geworden. Dadurch wird im bestehenden System die „Ausnahme“ – nämlich an einer berufsbildenden Schule einen allgemein bildenden Schulabschluss nachzuholen – zur Regel: Der Anteil derjenigen, die ihren letzten allgemeinbildenden Schulabschluss (sei es die Hochschulzugangsberechtigung, die Mittlere Reife oder den Hauptschulabschluss) an einem Berufskolleg (und nicht an Gymnasien, Gesamtschulen, Realschulen oder Hauptschulen) erworben haben, steigt zunehmend.[15]

Abbildung 3 zeigt die Verteilung der jährlichen Neuzugänge in dem beruflichen Ausbildungssystem.[16] Hier kann ein stetiger Anstieg des sogenannten Übergangssystems zulasten des dualen Systems konstatiert werden, während die schulische Berufsausbildung stabil bleibt. Insbesondere das Wachstum in diesem Zeitraum von knapp 50 Prozent (von 341.137 zu 503.401 Jugendliche) stellt eine besondere Herausforderung dar. Dabei sind die Verhältnisse in den Bundesländern sehr unterschiedlich. Während in Bayern lediglich 25 Prozent der

---

[15] Hier sei nochmals an die Kosten des bestehenden Schulsystems erinnert. Die Tatsache, dass es zur Regel wird, dass Schülerinnen und Schüler nach Beendigung der allgemeinbildenden Schulzeit ein Berufskolleg besuchen, um Defizite auszugleichen und Abschlüsse nachzuholen, ergänzt das Bild eines ineffizienten Systems, wie es bereits in Kapitel 2 dargestellt wurde. Die Autorengruppe Bildungsberichterstattung (2008, S. 33) zeigt, dass die Berufsfachschule – die hauptsächlich dazu dient, allgemeinbildende Abschlüsse nachzuholen – der teuerste Bildungsgang in Deutschland ist, wenn nur die Kosten für Lehre betrachtet werden. Selbst die Kosten pro Person an Hochschulen und Hauptschulen sind etwas niedriger. Die Warteschleifen im Bildungssystem verursachen enorme Zusatzkosten.

[16] Hierzu zählen nicht nur die Bildungsgänge an berufsbildenden Schulen, sondern auch die berufsvorbereitenden Maßnahmen von außerschulischen Trägern, insbesondere der Bundesagentur für Arbeit.

Neuzugänge im Übergangssektor angesiedelt sind, liegt der Vergleichswert für Nordrhein-Westfalen bereits bei 49 Prozent. Der Bundesdurchschnitt von knapp 40 Prozent sollte beunruhigen.

Abbildung 3: Verteilung der Schülerinnen und Schüler nach Verlassen der allgemein bildenden Schulen

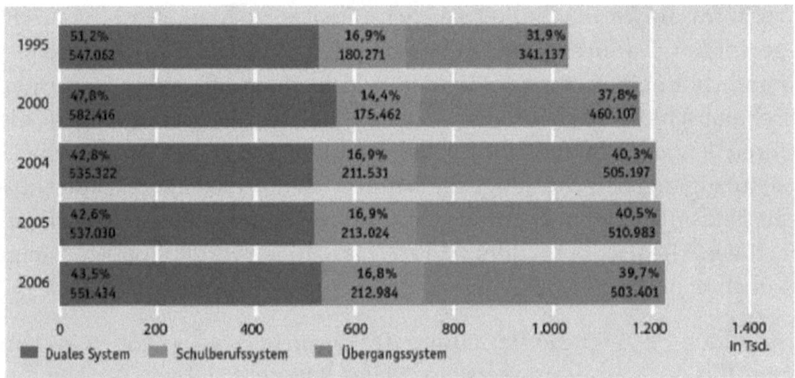

Quelle: Autorengruppe Bildungsberichterstattung 2008, S. 96

Von 1995 bis 2006 ist die Anzahl der Schülerinnen und Schüler in den besonders problematischen Bildungsgängen an beruflichen Schulen um 57 Prozent gestiegen und liegt heute bei etwa 170.000, die hier bundesweit jährlich neu einsteigen.[17] Im Übergangssektor befinden sich also insgesamt über 500.000 Schülerinnen und Schüler, die nach Durchlaufen dieser Bildungsgänge und Maßnahmen häufig kaum eine verbesserte Perspektive erwartet. Die „Effektivität des Übergangssystems ist zu hinterfragen" (Autorengruppe Bildungsberichterstattung 2008, S. 9). Die Unübersichtlichkeit und die gleichzeitig wenig plausibel erscheinende Struktur der Benachteiligtenförderung

---

[17] Hierzu zählen das schulische Berufsvorbereitungsjahr, das schulische Berufsgrundbildungsjahr und Jugendliche ohne Ausbildungsverhältnis in den Berufsschulen. Zusammen mit den Schülerinnen und Schülern, die in den Berufsfachschulen, die keinen beruflichen Abschluss anbieten, unterrichtet werden, beträgt die Zahl bereits mehr als 350.000 (vgl. Autorengruppe Bildungsberichterstattung 2008, S. 96 ff.).

werden letztlich auch nicht dazu beitragen, dass die Benachteiligten eine „echte" zweite Chance bekommen. So bemerkt Bojanowski in diesem Zusammenhang: „Die herkömmliche Arbeits- oder Berufsvorbereitung, mit der die jungen Menschen gefördert werden sollen, führt eher zu Stigmatisierung und Reduzierung der Arbeitsmarktchancen" (2008, S. 33).[18]

3.2 Schülerschaft und Lernvoraussetzungen

Jugendliche, die nach Verlassen der allgemein bildenden Schulen keine Ausbildungsreife erlangt haben, werden zunehmend an Berufskollegs betreut. Dort werden berufsvorbereitende Aufgaben übernommen, die es einer immer größer werdenden Gruppe von Jugendlichen ermöglichen sollen, Qualifikationen nachzuholen (in der Regel in Zusammenhang mit berufsbezogenen Kenntnissen). Diese Bildungsgänge sind gemeinhin unter den Bezeichnungen Höhere Berufsfachschule, Berufsfachschule, Berufsgrundschuljahr (BGJ), Berufsorientierungsjahr (BOJ), Berufsvorbereitungsjahr (BVJ) sowie Jugendliche ohne Ausbildungsverhältnis (JOA) bekannt.[19] Hierbei handelt es sich also um solche Schülerinnen und Schüler, die keine Ausbildungsstelle gesucht oder erhalten haben.

Aus den bisher beschriebenen Zusammenhängen lässt sich nachvollziehen, wie eine typische *Schülerkomposition* in der Benachteiligtenförderung aussieht (hier am Beispiel der Klassen „Jugendliche ohne Ausbildungsverhältnis", „Berufsvorbereitungsjahr" und „Berufs-

---

[18] Durch die ausführliche Auflistung verschiedener Formen der Benachteiligtenförderung wird bei Bojanowski (2008, S. 39) die kaum noch überschaubare Komplexität dieses Sektors deutlich.

[19] Mit Ausnahme der Höheren Berufsfachschule haben alle diese Bildungsgänge (in der Regel) eine Dauer von *einem Jahr* und sollen allgemeine und berufsbezogene Kompetenzen fördern/entwickeln. Die Höhere Berufsfachschule ist kein Bildungsgang der Benachteiligtenförderung im engeren Sinne, da er zur Fachhochschulreife führt. Allerdings wird er in der Regel von Schülerinnen und Schülern besucht, die zuvor einen Bildungsgang für Benachteiligte erfolgreich absolviert haben.

grundschuljahr").[20] Die Lerngruppen setzen sich zu großen Teilen (bis zu drei Viertel) aus Schülerinnen und Schülern mit Migrationshintergrund zusammen. Die Herkunftsländer dieser Lernenden liegen in süd- und osteuropäischen, in euroasiatischen sowie nordafrikanischen Gebieten. Die meisten sind in Deutschland geboren und besitzen die deutsche Staatsangehörigkeit. Die Lernenden sind zwischen 16 und 25 Jahre alt und kommen hauptsächlich von Förder-, Haupt- und Gesamtschulen – in seltenen Fällen haben sie zuvor die Realschule oder das Gymnasium besucht. Sie haben in der Regel keinen qualifizierenden Schulabschluss,[21] meist nicht einmal einen Hauptschulabschluss. Etwa ein Drittel der Lernenden hat mindestens eine Jahrgangsstufe wiederholen müssen. Ihre Erfahrungen mit Lehrkräften sind ebenso unterschiedlich wie die generelle Haltung gegenüber Schule. Nichtsdestotrotz weisen alle Lernenden einen (besonderen) Förderbedarf auf. Verhaltensauffälligkeiten, Konzentrationsprobleme, Lernschwierigkeiten, Schulmüdigkeit und Orientierungslosigkeit sind alltägliche Hindernisse für die Schülerinnen und Schüler. Diese Umstände führen zu überdurchschnittlichen Fehlzeiten. Gleichzeitig lassen sich bei nahezu allen Lernenden in einzelnen Bereichen besonders gut entwickelte Fähigkeiten feststellen.

Die *familiären Lebenssituationen* sind ebenfalls sehr heterogen. Während einige Lernende selbst Mütter bzw. Väter sind und ihre Schullaufbahn aufgrund von Schwangerschaft und Erziehungszeit unterbrechen mussten, wohnen die meisten bei ihren Eltern, nicht selten bei nur einem Elternteil. Viele Familien sind von Langzeitarbeitslosigkeit betroffen. Die zur Verfügung stehenden monatlichen Einkünfte der Schülerinnen und Schüler liegen erfahrungsgemäß zwischen 10 und 250 Euro (hauptsächlich aus Taschengeld und Nebenjob).

---

[20] Im Folgenden fließen Erfahrungen aus der mehrjährigen Arbeit mit diesen Schülerinnen und Schülern sowie aus Evaluationsprojekten ein, die sich weitgehend mit den Ergebnissen wissenschaftlicher Evaluationsstudien decken (vgl. bspw. Schelten/Folgmann 2007; El-Mafaalani 2010).

[21] In seltenen Fällen liegt sogar die Zugangsberechtigung zur gymnasialen Oberstufe vor. Hier sind es Motivations- und Orientierungsprobleme, an denen zusammen mit den Lernenden gearbeitet werden muss.

Von großer Bedeutung für die Förderung von Schülerinnen und Schülern ist das *Motiv des Schulbesuchs*. Die Fülle an Beweggründen reicht von erzielbaren Transferzahlungen über die schlichte Arbeitsmüdigkeit bis zur stringenten Verfolgung eines bestimmten beruflichen Ziels.[22] Dementsprechend ergibt der Blick auf das Arbeits- und Sozialverhalten sowie auf die Leistungsbereitschaft kein einheitliches Bild. Vielmehr können drei Gruppen von Schülern unterschieden werden. Ein Teil der Jugendlichen hat sich in einer Protesthaltung gegenüber Schule und Autorität eingerichtet und macht auf den ersten Blick den Anschein, als wäre das primäre Ziel, diese Haltung (u.a. durch Aggression und Respektlosigkeit) entschieden zum Ausdruck zu bringen.[23] Ein anderer Teil hat sich zurückgezogen und ist in einer passiven Rolle gefangen. Genau dieses Verhalten wird häufig von Lehrkräften nicht als auffällig bewertet. Dabei kann bei einer Vielzahl dieser Lernenden ein negatives Selbstkonzept vermutet werden. Einem dritten Teil stand aufgrund spezifischer Lebenslagen nicht die Möglichkeit offen, auf direktem Wege die allgemein bildende Schule erfolgreich zu beenden (bspw. aufgrund von Schwangerschaft, Todesfällen in der Familie oder schweren Krankheiten). Diese dritte Gruppe ist darüber hinaus kaum einheitlich zu beschreiben (vgl. El-Mafaalani 2009a).

Zusammenfassend lässt sich festhalten, dass es sich bei diesen Klassen um Schülerkompositionen handelt, die sich nicht nur durch kulturelle Heterogenität auszeichnen, sondern auch durch Diversität in Bezug auf Alter, Reife, Kompetenzen, Erfahrungen, Voreinstellungen, Motivation und soziale Lebensumstände. Lediglich die schulischen Misserfolgskarrieren und das auffällige Verhalten haben prinzipiell alle gemeinsam, auch wenn in der genaueren Betrachtung dieser Ähnlichkeiten durchaus Unterschiede feststellbar sind.

Etwa ein Viertel der Schülerinnen und Schüler leiden unter massiven Problemen wie Analphabetismus, häuslicher Gewalt, sozialer Isolati-

---

22 In einigen Fällen liegt zudem eine (Berufs-) Schulpflicht vor.

23 Dieses Verhalten wird bereits von Willis (1977) in seiner Studie zu Arbeiterkindern in Großbritannien als schichtspezifisches Problem beschrieben. Auf diese Studie stützt sich auch Bude (2008).

on, psychischen Störungen usw. Eine berufsbildende Schule kann in solchen Fällen auch mit sozialpädagogischer Unterstützung den Herausforderungen nicht gerecht werden. Allerdings müssen diese Lebensumstände überhaupt erst festgestellt werden. Die betroffenen Lernenden werden in der gängigen Praxis lediglich als „Störfälle“ wahrgenommen, ohne dass dabei die Probleme diagnostiziert würden.[24] Die Kooperation mit den entsprechenden Beratungsstellen ist entsprechend eine dringliche Notwendigkeit, der sich berufsbildende Schulen stellen müssen.

Aus dieser Perspektive wird ersichtlich, dass die einzelne Lehrkraft, die in der Regel deutlich mehr als 200 Lernende in unterschiedlichen Bildungsgängen betreut, vor einer kaum zu bewältigenden Aufgabe steht. Es werden Veränderungen notwendig, die sowohl das Unterrichtsgeschehen als auch die Personal- und Organisationsentwicklung betreffen, um umfassende Konzepte für den Umgang mit diesen neuen Herausforderungen zu entwickeln, welche nicht allein auf dem Engagement und den Kompetenzen einzelner Lehrkräfte basieren. Zentrale Herausforderung ist vielmehr die Synchronisation von Einzelhandlungen und damit eine Komplementierung des vorhandenen persönlichen Einsatzes durch unterstützende Strukturen.

---

[24] Durch das in Kapitel 5 entwickelte Konzept konnten beispielsweise mehrere Fälle von Analphabetismus erkannt werden, die in der gesamten Sekundarstufe I nicht als solche wahrgenommen wurden.

4. Individuelle Förderung als Anlass für Schulentwicklung

Dieses Kapitel befasst sich mit der Trias der Schulentwicklung, bestehend aus Unterrichts-, Personal- und Organisationsentwicklung. Individuelle Förderung wird dabei als Anlass für einen Schulentwicklungsprozesses betrachtet. Dabei wird der Schwerpunkt auf dem Zusammenhang von Unterrichts- und Organisationsentwicklung liegen. Zunächst werden einige Förderinstrumente vorgestellt, die für die Entwicklung eines Prozessmanagements (Kapitel 5) von Bedeutung sein werden. Daraufhin wird ein knapper Überblick zu Aspekten der Personalentwicklung gegeben, die für die hier verfolgte Fragestellung von Interesse sind. Zuletzt folgen Darstellungen schulbezogener Organisationsentwicklung.

Abbildung 4: Trias der Schulentwicklung

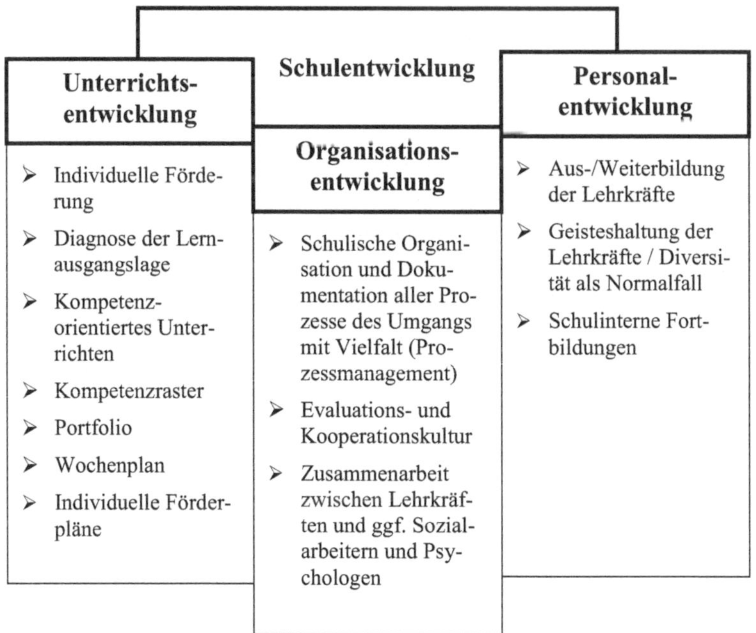

4.1. Unterrichtsentwicklung und individuelle Förderung

Andreas Schleicher, der als Koordinator maßgeblich an der Durchführung der PISA Studien beteiligt war, sieht das Potenzial junger Menschen nicht ausreichend genutzt, wenn alle mit den gleichen Methoden gefördert werden. Die Individualisierung der Förderung bezieht sich „also nicht auf die Bildungsziele für die Schülerinnen und Schüler, sondern darauf, wie wir unterschiedliche Lernwege und Lernmethoden einsetzen können, die jeden Einzelnen im Rahmen objektivierbarer universeller Standards bestmöglich fördern" (Schleicher 2007, S. 124).

Lernen kann demnach nicht selektiv verstanden werden. Jeder Lernprozess baut auf bereits Gelerntem auf. Es sind also kognitive Wissens- und Handlungsstrukturen vorhanden, in die Neues integriert wird (vgl. Riedl 2004, S. 75; Voß 2005, S. 49; Reinmann/Mandl 2006, S. 638; Matthes 2002, S. 243). Bieten die vorhandenen Strukturen keine Anknüpfungspunkte, dann wird auch nicht gelernt. Somit ist die *fortwährende Diagnose und Bewertung des individuellen Lernbedarfs* von zentraler Bedeutung (vgl. Schleicher 2007, S. 123).[25] In der mangelnden Diagnose von individuellen Lernständen und Lernwegen sieht die OECD eine entscheidende Ursache für das insgesamt mäßige Abschneiden deutscher Schulen in internationalen Vergleichen (vgl. Deutsches PISA-Konsortium 2001, S. 119 f.).[26]

Basierend auf der Diagnose des individuellen Lernbedarfs müssten *individuelle Lernformen und -pläne* gestaltet werden, „die jeden Schüler und jede Schülerin einbeziehen und die die Verschiedenheit in den Fähigkeiten, Interessen und Kontexten nicht als Problem, sondern als Potenzial guten Unterrichts" sehen (Schleicher 2007, S. 124). Schulen übernehmen hier die Verantwortung für den Lernerfolg – Sitzenbleiben oder Schulwechsel sind keine Prinzipien für den Umgang mit „Schwierigkeiten".

---

[25] Vgl. hierzu auch Horstkemper (2006), S. 6 ff. Hier wird der Begriff *Prozessdiagnostik* speziell für die sonderpädagogische Arbeit verwendet.

[26] Vgl. hierzu auch Struck (1997), S. 165. Hier betont der Autor den Mangel an diagnostischer Kompetenz auch an beruflichen Schulen.

Gemeinhin wird individuelle Förderung aus einer defizitären Perspektive begriffen,[27] was in der unklaren und begrifflich vorbelasteten Wortwahl begründet sein kann. Grundsätzlich ist für die individuelle Förderung – im hier verstandenen Sinne – eine andere Haltung der Lehrkräfte erforderlich. „Der größte Fehler, den wir machen können, ist zu glauben, dass gewöhnliche Schülerinnen und Schüler keine außergewöhnlichen Fähigkeiten haben können" (Schleicher 2007, S. 124; ähnlich auch Voß 2005). Die individuelle Diagnose und Gestaltung von Lernprozessen dient also vordergründig dem Ziel, ein Umfeld positiver Leistungserwartungen zu erzeugen, in dem Schülerinnen und Schüler nicht ständig vor Misserfolge gestellt werden. Die Orientierung an „Leistungsfähigkeit"tritt hinter eine Haltung, die die Individualität jeder einzelnen Schülerin bzw. jedes einzelnen Schülers zunächst wahrnimmt, anerkennt und letztlich stärkt.

Fragt man Lehrkräfte nach individueller Förderung, so wird überwiegend auf das Instrument des zusätzlichen Förderunterrichts bzw. auf Förderklassen verwiesen (vgl. Solzbacher 2008, S. 40). In diesem werde dann an den in Klassenarbeiten erkannten Defiziten gearbeitet. Aus einer nicht defizitären Perspektive werden individuelle Förderung und Unterrichtsentwicklung als zwei Seiten derselben Medaille verstanden – „ganzheitlich zu lernen, Belehrung durch Erfahrung zu ersetzen, Menschen-stärken und Sachen-klären in einem zu erfüllen" (Hentig 1982, S. 105) und dabei mit Ungleichheit zu leben. Die Ansatzpunkte für Förderung sind die Stärken und Fähigkeiten der Lernenden.[28]

Wie oben beschrieben wurde, ist die kontinuierliche Diagnose und Bewertung des individuellen Lernbedarfs von entscheidender Bedeutung, um individuelle Lernpläne erstellen zu können. Letztlich müssen diese Lernpläne dann aber im Unterricht umgesetzt werden.

---

[27] Vgl. hierzu auch Solzbacher (2008). In dieser Studie haben die meisten befragten Lehrkräfte das Ziel individueller Förderung als "Anpassung an Leistungsanforderungen" definiert und damit nur "Leistungsschwache" in den Blick gefasst.

[28] Hierbei geht es also auch um einen Wandel in der Haltung der Lehrkräfte in Bezug auf Lernen und Lehren sowie gegenüber Schülern und ihrer eigenen Lehrerrolle. Hierauf wird in den Kapiteln zu "Personalentwicklung" und "Organisationsentwicklung" weiter eingegangen.

Die meisten Schulen, denen eine „gute Praxis individueller Förderung“ gelingt, haben sowohl an der Organisation von Diagnoseverfahren zur Bewertung des individuellen Förderbedarfs als auch an einer Entwicklung kompetenzorientierter, offener Unterrichtsformen gearbeitet (vgl. Zickgraf 2008; Chance-NRW o. J.). Zusammengefasst lässt sich festhalten: Individuelle Förderung und Unterrichtsentwicklung sind nicht ohne zielgerichtetes Management zu realisieren.

Wichtige Bezugspunkte für die Organisation jedes Einzelfalls von der Diagnose bis hin zur Entwicklung individueller Lernpläne können unter folgenden Fragestellungen zusammengefasst werden:

1. Wie ist der augenblickliche Leistungsstand?
2. Wie sieht das außerschulische Umfeld der Lernenden aus?
3. Wo liegen persönliche Stärken bzw. was sind die individuellen Ressourcen? Aber auch: Wo liegen Schwächen?
4. Wie schätzen sich die Lernenden selbst ein?
5. Was wollen die Lernenden verbessern bzw. erreichen?
6. Was können verschiedene Lehrkräfte beobachten?
7. Wie können Förderentscheidungen getroffen und Fördermaßnahmen organisiert und koordiniert werden?
8. Wie können diese Prozesse organisiert und evaluiert werden?

Unter diesen Bedingungen muss der/die einzelne Schüler/-in und damit das Lernen selbst fokussiert werden. Dafür sind eine Vielzahl von Kenntnissen erforderlich, beispielsweise über die jeweiligen Schulbiographien und die Lebenssituationen der Lernenden, über individuelle Lernziele und Lerntypen, über besondere Ängste, über spezifische Denk- und Handlungsmuster, über zu berücksichtigende Stärken und Schwächen (vgl. Voß 2005, S.48). Dieser Austausch muss dabei mehr sein als gewöhnliche schulische Interaktion. Es handelt sich vielmehr um ein bewusstes und zielgesteuertes Handeln mit dem erkennbaren Willen, den „anderen“ kennen zu lernen, als Individuum wahrzunehmen und zu respektieren. Dabei sollte zunächst – so weit es geht – von gängigen Selektionsinstrumenten Abstand genommen werden. Stattdessen sollten Maßnahmen ergriffen werden, die den Einzelnen/die Einzelne anerkennen und die Unterschiede in den Fähigkeiten für den Lernerfolg nutzen. Nachfolgend wird ein umfangreicher Überblick über folgende Methoden zur individuellen Förderung gegeben: Kompetenzorientiertes Unterrichten, Kompetenzraster, Portfolio, Wochenplan und Individueller Förderplan.[29] Die Auswahl dieser Förderinstrumente orientiert sich an dem zu entwickelnden Prozessmanagement und beansprucht keine Vollständigkeit. Vielmehr geht es um komplementäre Elemente, die dem Zweck einer zielgesteuerten individuellen Förderung dienen.

4.1.1. *Kompetenzorientiertes Unterrichten und Kompetenzraster*

Die Halbwertszeit des Wissens verkürzt sich zunehmend. Neben dem Lehren und Lernen des heute gültigen Wissens gilt es daher, Fähigkeiten zu fördern, die – unabhängig von der unbekannten zukünftigen Wissensproduktion – von Relevanz sein werden. Daher müsste „das Lernen von Wissen [...] weitgehend ersetzt werden durch das Lernen des Entscheidens, das heißt: des Ausnutzens von Nichtwissen“ (Luhmann 2002, S. 198). Vor diesem Hintergrund hat der Kompetenzbegriff in der Pädagogik (wieder) an Bedeutung gewonnen. Weinert definiert Kompetenzen als „die bei Individuen verfügbaren oder durch sie erlernbaren kognitiven Fähigkeiten und Fertigkeiten, um bestimmte Probleme zu lösen, sowie die damit verbundenen motivationalen, volitionalen und sozialen Bereitschaften und Fähigkeiten, um die Problemlösung in variablen Situationen erfolgreich und verantwortungsvoll nutzen zu können“ (Weinert 2001, S. 27 f.).

[29] Dabei handelt es sich um international etablierte Instrumente. Hierzu liegt in umfangreichem Maße schulpädagogisch-konzeptionelle Literatur vor, ohne dass sich die Anwendung in Deutschland durchsetzen konnte (mit Ausnahme von Grund- und Förderschulen).

Hierfür ist es erforderlich, offene Lehr-Lern-Arrangements zu gestalten, die ganzheitliches Lernen ermöglichen. Kennzeichnend für solche Unterrichtsprozesse sind Fragestellungen, die problemorientiert bzw. situationsorientiert in Themenfelder einführen und handlungsorientiert die Selbstständigkeit der Lernenden sukzessive fördern. Dadurch wird die Bedeutung pädagogischer Führung keineswegs geschmälert. Im Gegenteil:

> „Die Dialektik von Führung und Selbsttätigkeit besitzt also nach wie vor Gültigkeit. Welche Methoden jedoch als aktivierend zur Förderung der Selbsttätigkeit eingesetzt werden, dies hängt nicht zuletzt von den einzelnen Lernenden ab. Untersuchungen im schulischen Bereich über Unterrichtsmethoden zeigen beispielsweise, dass für unsichere oder schwächere Schülerinnen und Schüler zunächst ein stärker instruktiver (lehrerzentrierter) Unterricht hilfreich ist (...). Auch neuere Untersuchungen (...) gehen davon aus, dass ein gut ausgeführter instruktiver Unterricht sich positiv auf das Selbstkonzept von Schülerinnen und Schülern und infolgedessen auf die Entstehung von Wissen auswirkt. Instruktive Methoden sind demnach eine Art Sprungbrett und Voraussetzung für die Aktivierung von Lernenden und helfen, das anfängliche Chaos einer noch unstrukturierten Lernsituation einzudämmen und deren Komplexität so zu reduzieren, dass Lernenden die Situation bewältigbar wird oder erscheint, die ansonsten zu verwirrend und damit demotivierend wirkt. Insgesamt lässt sich so eine positive Einstellung zum Lernen fördern und Leistungsangst mindern." (Arnold/Gómez Tutor 2006, S. 79).

Aus diesem Grunde kommt der Diagnose von Lernentwicklungen besondere Bedeutung zu. Das Sprungbrett von einer lehrerzentrierten Steuerung zu einer schülerzentrierten Selbsttätigkeit muss zielorientiert gestaltet werden, insbesondere in der Arbeit mit benachteiligten Jugendlichen. Die Vielseitigkeit des Kompetenzbegriffs führt dabei zwangsweise zu besonderen Herausforderungen bei der Kompetenzfeststellung und schließlich bei der Kompetenzförderung. Es lassen sich im Zusammenhang mit Kompetenzmessungen zwei zentrale Problembereiche unterscheiden:

Zum einen müssen grundlegende Zieldimensionen innerhalb eines Faches benannt werden, in denen Fähigkeiten systematisch aufgebaut und gezeigt werden können. Die fachbezogene Formulierung von Kompetenzen darf also nicht mit der fachsystematischen Gliederung des Lehrplans verwechselt werden (vgl. Klieme 2004). Kompetenz ist als Befähigung zur Bewältigung unterschiedlicher Situationen zu verstehen und verbindet damit Wissen und Können.

Damit stößt man unmittelbar *zum anderen* Problem: die Performanz. Denn die Kompetenz kann nicht unmittelbar beobachtet werden. Jede Leistungsüberprüfung ist die Beobachtung von Performanz, also von konkreten Handlungen. Zu der unsichtbaren Dimension Wissen/Können (Kompetenz) kommt also die sichtbare Dimension des Handelns (Performanz) als wesentlicher Aspekt der Kompetenzfeststellung hinzu (vgl. Löwisch 2000). Diese analytische Differenzierung von Kompetenz und Performanz macht bereits deutlich, dass es zum Teil erhebliche Diskrepanzen zwischen dem Können und dem Handeln geben kann. Gründe hierfür sind u.a. Zeitmanagement (bspw. Zeitmangel), Konzentrationsprobleme, Missverstehen der Aufgabenstellung oder (Prüfungs-) Angst. Ein solcher Umstand führt unweigerlich zu der Frage, ob die Kompetenzen zum Zeitpunkt der Überprüfung nicht vorlagen (oder ggf. auch langfristig nicht entwickelt werden) oder ob sie aus den genannten Gründen nicht gezeigt werden konnten. Dadurch kann ein und dasselbe Ergebnis in einer Prüfung ganz unterschiedlich gedeutet werden.

Für eine langfristige Begleitung von individuellen Kompetenzverläufen bieten *Kompetenzraster*[30] einen geeigneten Rahmen. Ein Kompetenzraster ist eine systematische Übersicht über Fähigkeiten, die innerhalb eines Lernfelds bzw. eines Themenbereiches erlernt werden können. Die Systematik unterscheidet eine Auflistung von definier-

---

[30] Häufig auch unter der Bezeichnung "Kompetenzmodell" geführt.

ten Kompetenzbereichen (konkrete Fach-, Methoden-, Sozial- und Selbstkompetenz) und eine Abstufung von Kompetenzniveaus (Kompetenzstufen nach Schwierigkeitsgrad). Für verschiedene Kompetenzen werden jeweils Niveaustufen konzipiert, bei denen die eine Stufe auf die andere folgt. Es zeigt also die im Idealfall im Verlauf des Unterrichts zu erwerbenden Kompetenzen, die aufeinander aufbauend die Zone der nächsten Entwicklung verdeutlichen. Damit dient es zugleich als Diagnose-, Förder- und Kontrollinstrument: Diagnose, indem der Ist-Stand genau formuliert wird; Förderung, indem die Zone der nächsten Entwicklung als Soll-Ziel transparent dargestellt und anvisiert wird; Kontrolle, indem der Lernerfolg langfristig nachgezeichnet werden kann.

Damit erfüllt ein Kompetenzraster verschiedene Funktionen (vgl. Eschelmüller 2007, S. 120):

- Es bildet das Repertoires der Lernmöglichkeiten in Bezug auf ein Themenfeld ab.
- Es ist die Grundlage für eine transparente und zielorientierte Leistungsrückmeldung.
- Es ermöglicht die Darstellung des Lernstandes und dient als Planungsinstrument von individuellen Lernprozessen.
- Es kann als Planungshilfe für Lerngruppenbildung oder bei der Auswahl und Gestaltung von Lernmaterialien dienen.
- Es fördert eine motivierende und ressourcenorientierte Feedback- und Fehlerkultur.

Ein Kompetenzraster ermöglicht es also, die Selbsteinschätzungen des Lerners und die Lehrerbeurteilung über den Lernstand des Lerners in eine differenzierte Lernprozessplanung münden zu lassen. Der augenblickliche Lernstand wird gemeinsam mit dem Lerner verortet und vereinfacht folglich einen kommunikativen Austausch über Lernerfolge und -misserfolge. Die Beurteilung des kurz-, mittel- und langfristigen Lern(miss)erfolgs dient zur Reflexion über das Lernen und damit zur Entwicklung von individuellen Lernstrategien sowie zum Erkennen des eigenen Lerntyps. Den Lernern wird transparent gemacht, woran die Lehrkraft und sie selbst erkennen können, dass ein Lernziel erreicht wurde. Insbesondere eine mögliche Diskrepanz zwischen Kompetenz und Performanz (bspw. in Prüfungssituationen) kann identifiziert und ergründet werden. Die Befähigung zur Selbstreflexion und zu Selbstvertrauen fördert letztlich Selbstkonzept und Motivation der Lernenden.

Unabhängig vom Einsatzbereich bleibt der Grundaufbau eines Kompetenzrasters immer gleich. Anhand des folgenden, verallgemeinerten Kompetenzrasters soll die grundlegende Systematik veranschaulicht werden. In der vertikalen Dimension werden verschiedene *Kompetenzbereiche* inhaltlich differenziert. Im verallgemeinerten Modell (Tabelle 3) wird diese Unterscheidung einzelner Fähigkeiten und Fertigkeiten durch die Variablen G1, G2, G3 symbolisiert. Gegebenenfalls bietet es sich an, Teilkompetenzen oder Teilbereiche zu unterscheiden: G2.1 und G2.2 sind Teilkompetenzen des Kompetenzbereiches G2. Die Kompetenzbereiche sollten sich an den Lehrplänen bzw. didaktischen Jahresplanungen orientieren.

Tabelle 3: Verallgemeinertes Modell eines Kompetenzrasters

		N1	N2	N3
G1		F1, F2	F3	F4, F5, F6
G2	**G2.1**	F8	F9, F10	F11
	G2.2	F12	F13	F14, F15
G3		F16, F17	t1 F18	t2 F19

In der horizontalen Dimension erfolgt eine Differenzierung in verschiedene *Kompetenzniveaustufen*. Hier wird exemplarisch eine dreistufige Differenzierung der Niveaustufen unterstellt (N1, N2 und N3). Es sind aber auch andere Abstufungen denkbar. Eine auf den ersten Blick sinnvoll erscheinende Möglichkeit besteht in der Differenzierung in sechs Niveaustufen. Ein solches Vorgehen hätte den

Vorteil, dass eine Bewertung der Schülerleistung anhand der Notenstufen sehr gut bis ungenügend vereinfacht würde. Problematisch an dieser Abstufungsweise ist allerdings, dass bei einer in sechs Stufen formulierten Kompetenz bereits auf der sprachlichen Ebene eine genaue Unterscheidung der einzelnen Kompetenzniveaustufen mit erheblichen Schwierigkeiten verbunden ist (vgl. Merziger 2009). In der PISA-Studie werden die Kompetenzstufen für den Bereich „Lesen" folgendermaßen formuliert:

Tabelle 4: PISA-Kompetenzstufen

Kompetenzstufe I	Kompetenzstufe II	Kompetenzstufe III	Kompetenzstufe IV	Kompetenzstufe V
Oberflächliches Verständnis einfacher Texte (elementare Fähigkeit)	Herstellen einfacher Verknüpfungen verschiedener Teile eines Textes	Integration von Textelementen und Schlussfolgerungen	Detailliertes Verständnis komplexer relativ unvertrauter Texte	Flexible Nutzung unvertrauter, komplexer Texte

(Eigene Darstellung)

Für die Niveaustufen bietet sich eine für Schülerinnen und Schüler verständliche Differenzierung an, in dem bspw. auf die Begriffe „Anfänger", „Fortgeschrittener", „Versierter" und „Experte" zurückgegriffen wird (vgl. Eschelmüller 2007, S. 118). Diese Bezeichnungen sind für Schülerinnen und Schüler zugänglicher als jene in der PISA-Studie.

In den Schnittfeldern von Kompetenzbereich und Kompetenzniveaustufen wird ein beobachtbares Verhalten (Performanz) formuliert, anhand derer die Kompetenz durch eine konkrete Handlung sichtbar wird. Der Buchstabe F (1-19) symbolisiert eine solche Fähigkeit. F13 ist also eine Fähigkeit, die der Teilkompetenz G2.2 des Kompetenzbereiches G2 zugeordnet ist und an Hand derer deutlich wird, dass sich die über diese Fähigkeit verfügende Person auf der Kompetenzniveaustufe N2 befindet. Die Kompetenzstufe, auf der sich der Lernende zum Zeitpunkt t1 befindet, kann bspw. durch einen Punkt markiert werden und mit der Entwicklung zum späteren Zeitpunkt t2 verglichen werden.

Der Konzeption des Kompetenzrasters liegt die Annahme einer kumulativen Kompetenzentwicklung zugrunde. Lernende, die in einem Kompetenzbereich die höchste Niveaustufe erreichen, werden sich auch in anderen Bereichen auf höheren Stufen befinden. Andersherum befinden sich die Fähigkeiten „schwächerer" Schülerinnen und Schüler oft in verschiedenen Kompetenzbereichen auf unteren Niveaustufen, d.h. der Lernende hat in einem Fach, unabhängig von dem konkreten Thema, dieselben Schwierigkeiten. Bei der „Zone der nächsten Entwicklung" handelt es sich also nicht nur um einen neuen Themen- bzw. Kompetenzbereich (G), sondern auch – und vor allem – um die nächste Niveaustufe. Bei der Formulierung der einzelnen Fähigkeiten (F), an Hand derer die der Fähigkeit zugeordnete Kompetenzniveaustufe (N) identifizierbar gemacht werden soll, ist daher unbedingt darauf zu achten, dass die Stufen aufeinander aufbauen und die Stufenfolge unumkehrbar ist (F1, F2, F3 etc.).[31]

Zur Verdeutlichung können durch entsprechende Formulierungen *Kompetenz* und *Performanz* („die Lernenden können..." bzw. „die Lernenden kennen...") oder *Handlungsbereitschaft* und *Performanz* („die Lernenden sind bereit zu...") verknüpft werden. Dabei ist zu beachten, dass motivationale-volitive Ziele, also Ziele, die das Wollen der Lernenden fokussieren, für die Arbeit mit Kompetenzrastern nur bedingt geeignet sind, da die Handlungsbereitschaft in ihrer Ausprägung stark durch Lernumfeld und Situation des Lernenden geprägt ist. Sie bildet in der Regel keine konstante, stabile Eigenschaft ab und kann daher kaum in aufeinanderfolgenden Stufen eines sich in eine Richtung entwickelnden Niveaus dargestellt werden (vgl. Eschelmüller 2007, S. 119). Das gilt in besonderem Maße für lernschwache Schülerinnen und Schüler. Je nachdem, ob das Kompetenzraster zur Fremdeinschätzung oder zur Selbsteinschätzung dient,

[31] Hierbei handelt es sich um eine analytische Konstruktion. Es ist durchaus möglich, dass bei einzelnen Lernenden eine sprunghafte Entwicklung verzeichnet werden kann.

muss die Fähigkeit entweder in Form von „der/die Lernende kann…" oder „ich kann…" beschrieben werden.

Die Kompetenzraster müssen für die jeweiligen Bildungsgänge und Fächer konzipiert werden. Fach- und Bildungsgangteams bilden hierfür einen geeigneten Rahmen. Dabei sollte erwähnt werden, dass die Entwicklung von Kompetenzrastern ein langfristiges Unternehmen darstellt. Daher wird die Entwicklung von Kompetenzrastern nicht explizit in das Förderkonzept (Kapitel 5) integriert, allerdings lässt es sich nahtlos daran anknüpfen.[32]

4.1.2. Portfolio und Lerntagebuch

Ein geeignetes Instrument zur konstruktiven Unterstützung der individuellen Lernentwicklung stellt das Schüler-Portfolio dar. Es dient zur Reflexion von individuellen Lernprozessen und damit zur individuellen Förderung. Dabei kann durch ein Portfolio fachliches, methodisch-strategisches, soziales und affektives Lernen unterstützt werden (vgl. Hessisches Kultusministerium 2005, S. 16 ff.). Während eines bestimmten Zeitraums – ein Unterrichtsprojekt, ein Schuljahr oder ggf. eine noch längere Zeitspanne – werden gezielt Inhalte, Methoden und Ergebnisse durch die Lernenden selbst beobachtet und festgehalten, um den Lernprozess systematisch zu reflektieren. Diese Analyse soll den Lernprozess der einzelnen Schülerin bzw. des einzelnen Schülers zum Gegenstand der Reflexion werden lassen. Ein Schüler-Portfolio kann demnach aufzeigen, was die Schülerin bzw. der Schüler heute besser kann bzw. anders macht als noch vor einigen Monaten, wie sich ihre/seine Einstellung verändert hat etc. Auf diese Weise stärkt dieses Instrument die Selbstorganisation und Selbstreflexion der Schülerinnen und Schüler. Gleichzeitig bietet es den Lehrenden Orientierung bei der Bewertung des Förderbedarfs und bei der Beurteilung von Fördermaßnahmen. Das Portfolio bietet also die Möglichkeit, Lernprozesse sowohl aus der Perspektive der beobachtenden Lehrenden als auch aus der Sicht der sich selbst beo-

[32] Für ein Beispiel eines Kompetenzrasters für das Fach Religion vgl. El-Mafaalani/Genee (2009).

bachtenden Lernenden zu analysieren (vgl. Hessisches Kultusministerium 2005, S. 14 f.; Reich o. J.).

Die Einführung und konkrete Gestaltung eines Schüler-Portfolios kann hier nur angedeutet werden.[33] Es soll lediglich als geeigneter „Prozessbegleiter“ vorgestellt werden. Im Zentrum stehen die Kommunikation aller beteiligten Akteure und die Umsetzung individueller Förderpläne.

Da zu diesem Instrument keine einheitliche Definition existiert, soll hier exemplarisch eine pragmatische Variante beschrieben werden, die auch als Prozessportfolio, Lernjournal oder Lerntagebuch bezeichnet werden kann (vgl. Hessisches Kultusministerium 2005, S. 13).

Die Gliederung des Schülerportfolios kann wie folgt aussehen[34]:

1. "**Mein Leben**": Selbstdarstellung und Lebenslauf vor Beginn des Bildungsganges – IST-Zustand.

2. "**Meine Ziele**": Zielvorstellungen in Bezug auf Wissen, Kompetenzen, Erwartungen an den Unterricht und Berufvorstellungen.

3. "**Meine Stärken**": Besondere Leistungen und Kompetenzen.

4. "**Was ich verbessern möchte**": Selbst empfundener Förderbedarf.

5. "**Wie schaffe ich das?**": Protokolle von Schüler-Lehrer-Gesprächen sowie anderer (Beratungs-)Gespräche mit schulischem Kontext.

6. "**Selbstbeobachtungen**": Selbstbeobachtungsbogen und andere Selbsteinschätzungen.

7. "**Lern- bzw. Lesetagebuch**": Protokoll über Aufgaben bzw. Arbeiten, die außerhalb des Unterrichts bearbeitet wurden (mit anschließender Reflexion über Probleme und Schwierigkeitsgrad); Texte, die außerhalb des Unterrichts gelesen wurden (mit kurzer inhaltlicher

---

[33] Eine stichpunktartige Übersicht zur Einführung eines Portfolios in Reich (o. J.).

[34] Siehe auch Anhang B.

Zusammenfassung und Reflexion über Probleme und Schwierigkeitsgrad); Rechtschreib- und Grammatikübungen, die außerhalb des Unterrichts bearbeitet wurden (mit anschließender Reflexion über Probleme und Schwierigkeitsgrad) etc. Die Aufgaben, Texte und Arbeiten, die in diesem Abschnitt dokumentiert werden, sollten idealerweise von der Schülerin bzw. vom Schüler eingefordert und von der Lehrkraft auf ihren bzw. seinen Förderbedarf (Lern- und Leistungsstand) angepasst werden.

4.1.3. Wochenplan

Die Wochenplanarbeit lässt sich reibungslos in die Portfolioarbeit integrieren. Sie ist eine Methode zur Öffnung des Unterrichts, ohne der Lehrkraft die Kontrolle über den Lerninhalt aus der Hand zu nehmen (vgl. Reich o.J.). Die Schülerinnen und Schüler erhalten zu Beginn einer Woche einen Plan, auf dem Arbeits- und Aufgabenblätter zu verschiedenen Inhaltsbereichen und ggf. Fächern aufgelistet sind, die innerhalb der Woche selbstständig und eigenverantwortlich bearbeitet werden müssen. In dem vorgesehenen Zeitraum besteht die Möglichkeit, in verschiedenen Sozialformen zu arbeiten (Einzel-, Partner- oder Gruppenarbeit). Bei der Bearbeitung und Korrektur der Aufgaben wird weitgehend ohne die Hilfe der Lehrkraft gearbeitet. Für diese Methode müssen festgelegte Unterrichtsstunden bereitgestellt werden. Einerseits wird die Selbstständigkeit der Lernenden gefördert, andererseits wird dabei die Lehrkraft entlastet, wodurch Freiräume entstehen, die für die umfangreichen zusätzlichen Aufgaben (vgl. Kapitel 5) genutzt werden können.

4.1.4. *Individuelle Förderpläne*

Die Arbeit mit Förderplänen[35] erlaubt es, eine individuelle Lernprozessbegleitung verschiedenster Schülerinnen und Schüler zu ermöglichen, ohne auf Förderunterricht bzw. -klassen (also äußere Differenzierung) zurückgreifen zu müssen. Solche Förderpläne können in allen Schülergruppen zum Einsatz kommen (vgl. Chancen NRW o.J.). Sie werden vielfach in sonderpädagogischen Bereichen sowie in Grundschulen oder in der Hochbegabtenförderung angewandt. Die Förderplanung erfolgt grundsätzlich aus einem ganzheitlichen Ansatz heraus und verfolgt das Ziel, die Stärken auszubauen und gleichzeitig die Schwächen abzubauen. Die Planung und Umsetzung von individuellen Förderplänen ist (ähnlich wie auch von Kompetenzrastern) eine langfristige Aufgabe.

Tabelle 5: Individueller Förderplan

Fachliches Lernen	Ist-Stand	Ziele	Geplante Maßnahmen	Überprüfung
Arbeits- und Sozialverhalten	Ist-Stand	Ziele	Geplante Maßnahmen	Überprüfung
Methodenkompetenz	Ist-Stand	Ziele	Geplante Maßnahmen	Überprüfung

[35] Häufig auch als individuelle Lern- oder Entwicklungspläne bezeichnet.

Um einen konkreten Plan zu erstellen, bedarf es folgender Schritte[36]:

1. **Daten sammeln** – Den gegenwärtigen Lern- und Entwicklungsstand wahrnehmen und beschreiben.

2. **Auswerten** – Den vordringlichen Förderbedarf festlegen, ausgewählte Maßnahmen ableiten, stichpunktartig dokumentieren.

3. **Umsetzen** – Die geplanten Maßnahmen durchführen und Ergebnisse stichpunktartig dokumentieren.

4. **Evaluieren und Fortschreiben** – Die Umsetzung auswerten, weiterführende Ziele und Maßnahmen setzen.

4.1.5. Zusammenfassung

Die vorgestellten Methoden ergänzen sich wechselseitig und lassen sich fruchtbar kombinieren. Zur genauen Feststellung des Förderbedarfs dient das Kompetenzraster. Dieser individuelle Förderbedarf mündet idealerweise in die Entwicklung individueller Lernpläne. Die pragmatische Kombination von Portfolio- und Wochenplanarbeit ermöglicht die zielgerichtete, selbsttätige Erarbeitung von Förderschwerpunkten durch die Schülerinnen und Schüler. Während Kompetenzraster und individuelle Lernpläne langfristige Aufgaben darstellen, können Portfolio und Wochenplan unmittelbar eingesetzt werden. Das in Kapitel 5 folgende Konzept versucht, diesem Prozess (mit kurzfristigem und langfristigem Zeithorizont) einen geeigneten Rahmen zu geben. Allerdings bedarf es personal- und organisationsbezogener Veränderungen, die im Weiteren skizziert werden.

---

[36] In Anlehnung an Suhrweier (2002), S. 44; Chancen-NRW (o. J.), S. 4 ff; Hessisches Kultusministerium (2007), S. 7 ff.

4.2. Personalentwicklung

Ein zentraler Aspekt für die Förderung von Kindern und Jugendlichen aus bildungsfernen Familien ist die generelle Geisteshaltung der Pädagogen, die statt „Lernen im Gleichschritt" die individuellen Stärken und Fähigkeiten der Lernenden in den Vordergrund stellt (vgl. El-Mafaalani 2009b). Ein von vielen Lehrkräften vorgebrachtes Argument ist das Desinteresse der „anderen" Seite. So wird häufig darauf hingewiesen, dass die meisten Schülerinnen und Schüler nicht gefördert werden wollten bzw. die Initiative von den Lernenden ausgehen müsse. Demgegenüber etablieren erfolgreiche Schulen eine Förderkultur, in der davon ausgegangen wird, dass alle gefördert werden wollen und dann auch gefördert werden (vgl. Solzbacher 2008). Hier wird erkennbar, dass sich Schulen verstärkt mit Fragen des Umgangs mit heterogenen Lerngruppen und mit Diversität als Normalfall beschäftigen müssen. Die erforderliche Akzeptanz für eine individualisierte Benachteiligtenförderung kann durch kooperative Arbeit im Kollegium geschaffen werden, um gemeinsam Lösungswege für die Herausforderungen zu finden.

Nichtsdestotrotz muss die Aus- und Weiterbildung der Lehrkräfte auf pädagogische Diagnostik, individuelle Förderung und interkulturelle Kompetenz forciert werden. Um Jugendliche und deren Eltern bei Erziehungsfragen adäquat beraten zu können, sollten die Lehrkräfte daher wissen, unter welchen Hintergründen und kognitiven Hypothesen der Jugendlichen und deren Eltern Entscheidungen und Verhaltensweisen zustande kommen.[37] Gerade Trainings in Bezug auf Gesprächsführung und Konfliktmanagement werden daher von Lehrkräften auch häufig verlangt. Leider haben sich erste Versuche,

[37] Toprak/El-Mafaalani (2009) bieten in Bezug auf die Arbeit mit benachteiligten muslimischen Jungen eine erste Einführung, die durch einen vertiefenden Einblick in die Arbeit mit Straffälligen ergänzt werden kann (hierzu Toprak 2006). Im Zusammenhang mit Berufsberatung muslimischer Mädchen siehe El-Mafaalani/Toprak (2010).

Standards für einen „Diversity-Professional" systematisch zu erfassen, nicht etabliert (vgl. Kimmelmann 2009).[38]

Die pädagogische Arbeit mit benachteiligten Jugendlichen erfordert auf der einen Seite Konfrontation, Autorität und Führung und auf der anderen Seite Verständigung, Wertschätzung und Anerkennung. Diese Gradwanderung bringt pädagogische Fachkräfte nicht selten in widersprüchliche Situationen, in denen immer auch Fingerspitzengefühl eine besondere Rolle spielt. Hierfür benötigen Lehrkräfte Unterstützungsleistungen.

Der Personalentwicklung kommt im Zusammenhang mit Diversity Management bzw. Diversity Education sowie Benachteiligtenförderung eine zentrale Rolle zu. Die Möglichkeiten, pädagogische Kräfte mit Migrationshintergrund zu rekrutieren, erscheinen angesichts des entsprechenden Lehramtstudierendenanteils (ca. 2 Prozent) als eine auf absehbare Zeit wenig ertragreiche Alternative. Die politische Bereitschaft, umfassende sozialpädagogische und psychologische Betreuung der Lernenden im Schulbetrieb zu ermöglichen, erscheint derzeit ebenso nicht befriedigend. Dementsprechend müssen Lehrkräfte auch weiterhin mehr sein als Wissensvermittler und Leistungsbeurteiler. Hierfür müssten Kollegien sensibilisiert werden. Schulinterne Fortbildungen und pädagogische Tage bieten hierfür einen geeigneten Rahmen.[39]

---

[38] Einen umfangreichen Überblick zu Theorie und Praxis von Diversity Management in der beruflichen Bildung hat Kimmelmann (2010) vorgelegt.

[39] Unter schulinternen Fortbildungen werden alle Formen der Weiterbildung verstanden, die das gesamte Kollegium einer Schule (oder zumindest einen großen Teil des Kollegiums) umfassen. Hierfür werden Experten oder Moderatoren eingeladen, die dann das gesamte Kollegium in eine neue Thematik einführen oder in anderer Weise unterstützen. Für eine solche Veranstaltung werden in der Regel mehrere Tage angesetzt. Ein Pädagogischer Tag ist eine mehrstündige Sitzung des gesamten Kollegiums bzw. eines Bildungsgangs, bei denen pädagogische Probleme (in und außerhalb von Unterricht) besprochen werden.

4.3. Organisationsentwicklung als pädagogisches Management

Ähnlich wie in vielen anderen Organisationen gerät auch die Organisation Schule unter Veränderungsdruck. Die Verfahrensweisen, die sich über viele Jahrzehnte hinweg als nützlich und sinnvoll erwiesen haben, verlieren zunehmend an Legitimität. Das liegt nicht zuletzt auch daran, dass die Beschreibung der Schule als Organisation in der Leitdisziplin „Erziehungswissenschaft" keine lange Tradition hat (vgl. Berkemeyer u. a. 2007). Das Interaktionssystem zwischen Lehrkraft und Zögling stand immer im Mittelpunkt der Profession. Organisationale Aspekte der Schule wurden als gegebene Rahmenbedingungen innerhalb eines bürokratischen Apparats betrachtet und letztlich als notwendiges Übel hingenommen. Erziehung und sozialpädagogische Begleitung der Jugendlichen können zudem nicht den Stellenwert in der schulischen Arbeit einnehmen, wie dies bspw. in skandinavischen Ganztagsschulsystemen der Fall ist. Diese Bereiche sind in Deutschland traditionell den Eltern und der Jugendhilfe zugeordnet. Die fachliche Wissensvermittlung von „Einzelkämpfern" stand also traditionell im Mittelpunkt schulpädagogischer Arbeit. Die „neuen" Schülergruppen veranlassen Schulen hier aber offenkundig, dieses enge – aber in der Vergangenheit durchaus förderliche – Verständnis des Bildungsauftrags in Frage zu stellen.

Aus einer organisationstheoretischen Sichtweise kann die Organisation Schule als Profibürokratie bezeichnet werden (vgl. Mintzberg 1979).[40] Dabei liegt Mintzbergs Hauptaugenmerk auf dem Vorgang der Regelungen von Interdependenzen im Arbeitsprozess mittels Koordinationsmechanismen. Wie der Name schon andeutet, koexistieren in dem Typus der Profibürokratie professions- und organisationsbezogene Merkmale gleichermaßen. Auf der einen Seite unterscheidet Mintzberg (1992) in Bezug auf Schule den aufgabenbezogenen Kern „Unterricht" und auf der anderen Seite die „Strukturierung" der Organisation. Den hochkomplexen und nicht standardisierbaren Kern ordnet er aufgrund externer Rahmenvorgaben (Richtlinien, Lehrpläne etc.), der Schüler-Lehrer-Beziehung und der fallbe-

[40] Die fünf Archetypen nach Mintzberg sind: Einfachstruktur, Maschinenbürokratie, Profibürokratie, Spartenstruktur und Adhokratie.

zogenen pädagogischen Arbeit der „Profession" zu. Durch die gleichartige Qualifikation der Lehrkräfte werden diese unterrichtlichen Aufgaben erfüllt. Diese Kerntätigkeiten werden in die Struktur eingebettet. Zu dieser Struktur der Organisation können Raumplanung, Stundentafelerstellung, Daten- und Ressourcenverwaltung, aber auch Schulprogrammarbeit und Steuergruppenarbeit gezählt werden (vgl. Berkemeyer u. a. 2007). Diese Bereiche ordnet Mintzberg der „Organisation" zu.

Profibürokratien zeichnen sich also dadurch aus, dass hochqualifizierte, professionelle Mitarbeiter (hier Lehrkräfte) gleichberechtigt nebeneinander und selbstständig arbeiten (horizontale Differenzierung). Der Führungskraft (Schul- bzw. Bildungsgangleitung) kommt – weil die Kontrolle der komplexen Aufgaben der Mitarbeiter kaum möglich ist – eher indirekte Macht zu. Die Funktionen der Führungskräfte bestehen hauptsächlich in der Vermittlung und Unterstützung bei Problemen im Arbeitskontext. Eine entscheidende Schwäche der Profibürokratie ist die Entwicklung von Innovationen als Reaktion auf Umweltveränderungen, insbesondere dann, wenn solche Innovationen eine (interdisziplinäre) Zusammenarbeit und strukturelle Modifikationen erfordern.[41] Häufig wird versucht, neuen Herausforderungen mit alten Lösungsansätzen bzw. Handlungsstrategien zu begegnen – eine Vorgehensweise, die der Organisation Schule (zu Recht) vielfach vorgeworfen wird (vgl. Schleicher 2007; Struck 1997). Daher wird heute von der Einzelschule gefordert, dass sie sich in Bezug auf Schulentwicklung stärker mit Innovations- und Prozessmanagement befassen müsste.

„Die Regelung der Interdependenzen im Bereich der Schulenwicklung erfolgt überwiegend über den Koordinationsmechanismus *wechselseitige Abstimmung*" (Berkemeyer u. a. 2007, S. 67). Ein Innovationsmanagement müsse demnach die auf Standardisierung ausge-

[41] Weitere Probleme entstehen dann, wenn die Mitarbeiter das Ziel der Organisation oder die Bedürfnisse ihrer Klienten außer Acht lassen sowie bei nicht ausreichender Qualifikation der Mitarbeiter, bspw. aufgrund mangelnder Weiterbildung.

richtete Profibürokratie um Elemente der Adhokratie bereichern.[42] So könne das Nebeneinander von Profession und Organisation produktiv und innovativ verbunden werden. Steuergruppen oder Bildungsgangprojekte können dieser Forderung entsprechen – so auch das in Kapitel 5 dargestellte Pilotprojekt.

Auch Guy Kempfert und Hans-Günther Rolff formulieren in Bezug auf schulische Veränderungsprozesse die Bildung von Projektgruppen:

> „Das Konzept der Schulentwicklung als pädagogische Organisationsentwicklung ist inzwischen außerordentlich ausdifferenziert und vielfach erprobt worden. Charakteristisch für OE-Konzepte ist, dass sie sich auf das Ganze der Schule beziehen und nicht nur auf Teilaspekte. Gleichzeitig wird aber betont, dass nur eine schrittweise Entwicklung möglich ist, die an Subeinheiten der Schule, wie Fachkonferenzen anknüpfen kann, aber auch am Kooperationsklima, an der Schulleitung, am Schulprogramm oder einer Abteilung. Es wird in aller Regel nach der Devise verfahren 'keine Maßnahme ohne vorherige Diagnose', und es wird eine institutionelle Struktur zur Binnensteuerung des Wandels aufgebaut – zumeist in Form einer Steuer- oder Entwicklungsgruppe" (Kempfert/Rolff 1999, S. 19f.).

Eine Möglichkeit, sich mit neuen Herausforderungen in der Benachteiligtenförderung auseinanderzusetzen, wird im Folgenden exemplarisch beschrieben. Die Lehrkräfte einer berufsbildenden Schule, die in der Benachteiligtenförderung eingesetzt sind, haben sich gemeinsam über mögliche Zukunftsvorstellungen ausgetauscht. Es wurde sehr schnell klar, dass sowohl (sozial-) pädagogische als auch organisatorische Veränderungen in den Blick gefasst werden müssen. In Abbildung 5 werden die vier Schritte der Verständigungen im Kollegium (in Form eines „auf Qualitätsentwicklung orientierten Jahrgangsteams", vgl. hierzu Horster/Rolff 2001, S. 192 ff.) illustriert.

---

[42] Der Typus der Adhokratie zeichnet sich dadurch aus, dass die Organisation auf Dynamik, Flexibilität und Problemlösung hin orientiert ist, damit eine fortwährende Entwicklung von neuartigen Konzepten gewährleistet ist.

Abbildung 5: Phasen des Pilotprojekts

Phase I	**Problemerfassung: Was ist das Problem?** Schüler haben besondere Förderbedarfe Aufgabenspektrum weitet sich insgesamt aus Effizienzdefizite bei der pädagogischen Arbeit
Phase II:	**Gemeinsame Diagnose: Wie kann darauf reagiert werden?** Pädagogische Expertise durch Benchmarking Organisatorische Abläufe optimieren Evaluationsmaßnahmen
Phase III	**Prioritätensetzung: Was muss das Konzept gewährleisten?** Dokumentation und Evaluation von Maßnahmen Förderung von Kooperativen Strukturen Klare Verantwortungsbereiche
Phase IV	**Handlungsplanung und Umsetzung: Wer entwickelt?** Bildung eines Pilotprojektteams, das entwickelt und umsetzt

Es wurde ein kleines Projektteam gebildet, welches das Feld individueller Förderung und den Bereich (Lern- und Förder-) Prozesssteuerung überblicken sollte. Zusätzlich wurden auch Weiterbildungsmaßnahmen durchgeführt. Letztlich war es – aufgrund von diversen Erfahrungen – ein besonderes Anliegen der meisten Lehrkräfte, dass ein Gesamtprozess definiert wird, in dem alle Teilprozesse dokumentiert und terminiert werden sowie die Verantwortungsbereiche klar strukturiert sind.

Ein Organisationstypus, der in seinen Strukturen kaum Elemente integriert hat, die Kooperation und Koordination unterstützen und befördern, ist letztlich auf die Entwicklung eines Prozessmanagement-Konzepts angewiesen, das aufbauend auf Bedürfnissen der Klienten (Schüler/innen) und Mitarbeiter (Lehrkräfte) die Optimierung der Strukturen und der Prozesse unterstützt. Gleichzeitig dient es zur Förderung einer Kooperations- und Evaluationskultur und bereitet eine interdisziplinäre Zusammenarbeit zwischen Lehrkräften sowie sozialpädagogischen und psychologischen Fachkräften vor, die zwar aktuell (noch) nicht gewährleistet ist, ohne die man allerdings zukünftig im Berufsbildungssystem kaum auskommt.

Aus einer anderen Perspektive kann das Pilotprojekt auch als prozessorientierte Einführung von Wissensmanagement in der Schule verstanden werden (vgl. Herrmann/Jahnke 2007).[43] Allerdings erscheint eine technologische Unterstützung des pädagogischen Informationsaustauschs in der Schule nicht möglich – in Bezug auf die schulische Verwaltung (bspw. Informationsaustausch bei den Anmeldungen von Schülerinnen und Schülern zwischen abgebender und aufnehmender Schule) ist dies bereits teilweise umgesetzt.[44]

Zur Steigerung der Effektivität und Effizienz einer Organisation können drei Bereiche betrachtet werden: Die Verteilung der Aufgaben (Aufbauorganisation), die Arbeit als Erfüllung der Aufgaben (Ablauforganisation) und die Organisation der Informationsflüsse (Informationssystem) (vgl. Becker/Langosch 2002, S. 151 f.). Alle drei Bereiche gilt es im Prozessmanagement-Konzept zu berücksichtigen. Es wird also darum gehen, einen organisatorischen Rahmen vorzulegen, innerhalb dessen Lernende und Lehrkräfte gemeinsam für den Lernerfolg verantwortlich werden. Der Schlüssel dazu ist eine kontinuierliche Kommunikation und Kooperation zwischen den Lernenden und den Lehrenden, aber auch unter den Lehrkräften selbst – und zwar von Anfang an. Der gesamte Prozess folgt einem von Hen-

---

[43] Auch wenn Herrmann/Jahnke 2007 die 6 Phasen der Wissensmanagement-Einführung speziell für Kleine und Mittlere Unternehmen konzipieren, erscheint es in Teilen übertragbar auf das hier beschriebene Prozessmanagement-Konzept. Als Ausgangspunkt steht ein Problem (Veränderung der Schülerschaft), daraufhin wurde ein Projektteam eingerichtet, es folgte eine Analyse des Ist- und Soll-Stands und letztlich wird ein Lösungskonzept erarbeitet, umgesetzt und evaluiert (Kapitel 5). Insbesondere die strikte Berücksichtigung von beteiligten Menschen, die Modellierung der Phasen und (Teil-) Prozesse sowie die Dokumentation aller Schritte und des Informationsaustauschs haben sich nicht unwesentlich an solchen Konzepten orientiert.

[44] Bspw. fragen Becker/Langosch danach, "ob es nicht sinnvoll ist, ein computergestütztes System zu schaffen, das das gesamte Wissen der Schule enthält und auf das jede Lehrkraft Zugriff hat " (S. 369). Das erscheint allerdings kaum möglich, da dafür (noch) die Infrastruktur fehlt. Die Einführung solcher Informationstechnologien können ein System, das weder genaue Zielvorgaben noch entsprechende Anreizstrukturen besitzt, nur überfordern (vgl. Kapitel 6).

tig geforderten Maßstab von zeitgemäßer Bildung: Verstehen und Verständigung (Hentig 1996).

5. Prozessmanagement in der Benachteiligtenförderung

In diesem Kapitel wird ein Konzept vorgestellt, mit dem man unter gegebenen Rahmenbedingungen den Herausforderungen der beruflichen Benachteiligtenförderung an berufsbildenden Schulen gerecht werden kann. Dabei wird der Schwerpunkt auf das Prozessmanagement von etablierten pädagogischen Förderinstrumenten gelegt. Einzelnen Phasen der individuellen Förderung werden diese Instrumente zugeordnet und in eine chronologische Abfolge gebracht. Gleichzeitig wurden Formulare entwickelt, die es ermöglichen, jeden Schritt zu dokumentieren und den Gesamtprozess abschließend zu evaluieren.

5.1. Phasen, Prozesse und Aufgaben

Modernes Prozessmanagement lässt sich unter der Fragstellung „Wer macht was, wann, wie und mit wem?“ fassen. Übertragen auf die Steuerung individueller Förderung von Schülerinnen und Schülern ergeben sich folgende Fragestellungen: Welche Lehrkraft ist zuständig für welche Tätigkeit bzw. Maßnahme? Wie kann das Vorgehen zeitlich und methodisch so organisiert werden, dass die einzelnen Schülerinnen und Schüler mit ihren individuellen Besonderheiten und Fähigkeiten bestmöglich gefördert werden können? Und natürlich: Worin besteht überhaupt der Förderbedarf? Die Frage nach der Zuständigkeit ließe sich mit dem Klassenlehrerprinzip (idealerweise ein Tandem) pragmatisch beantworten, wonach die Klassenleitung die Koordinationsstelle aller Fördermaßnahmen darstellt. Andere Lösungen sind ebenso denkbar, so beispielsweise für diese Tätigkeiten spezialisierte Lehrkräfte, die diese Aufgaben in Absprache mit der Klassenleitung wahrnehmen. Im Laufe des Prozesses werden dann spezifische Aufgaben bzw. Maßnahmen in den Verantwortungsbereich verschiedener Lehrkräfte übertragen. Der Schwerpunkt der folgenden Ausführungen widmet sich der Organisation der Teilprozesse in den in Abbildung 6 dargestellten Phasen. Diesen einzelnen Phasen sind jeweils zentrale Fragestellungen zugeordnet.

Abbildung 6: Phasen und Aufgaben Individueller Förderung

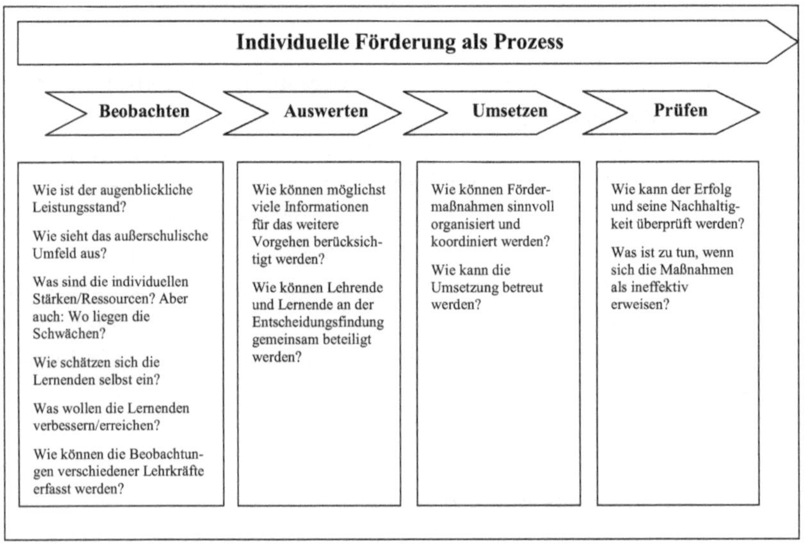

Die gezielte Unterstützung der individuellen Lernentwicklung bedarf einer Strukturierung und Fixierung, um sowohl der Beliebigkeit als auch dem Vergessen entgegenzuwirken. Um eine sorgfältige Beobachtung und daran anschließend eine systematische Förderung zu gewährleisten, erscheint daher eine übersichtliche Dokumentation unerlässlich. In jeder Phase werden verschiedene Fördermaßnahmen durchgeführt und auf standardisierten Formularen dokumentiert (beispielhafte Dokumente siehe Anhang A-H). Dabei stehen pragmatische Lösungen im Vordergrund, die den zeitlichen Belastungen Rechnung tragen, allen Beteiligten Orientierungshilfen geben und gleichzeitig den Kommunikationsaufwand so gering wie möglich halten.[45]

Lernende und Lehrende nehmen hierfür eine Expertenrolle ein und tauschen sich über alle Phasen fortwährend aus (das Prinzip der

[45] Einige kritische Anmerkungen zu diesen ambitionierten Zielen folgen in Kapitel 6.

dialogischen Diagnostik nach Eschelmüller 2008). Die Verantwortung für die Lernentwicklung wird also (teilweise) an die Lernenden übertragen, hingegen bleibt die Steuerung des Gesamtprozesses alleine in der Zuständigkeit der Lehrkräfte. Nun stellt sich die Frage, wie dieser Prozess organisiert und evaluiert werden kann. Dafür wird im Folgenden eine Modellierung der einzelnen Phasen vorgenommen. Der Gesamtablauf wird chronologisch für das erste Halbjahr nach der Einschulung beschrieben (vgl. Tabelle 7 in Kapitel 5.6).[46]

Jedes Fördern beginnt mit dem Diagnostizieren. Die Diagnose selbst basiert auf Beobachtungen und Hypothesen (vgl. Horstkemper 2006, S. 4). Ziel des hier entwickelten Konzepts ist es, jene Beobachtungen und Hypothesen, welche Lehrkräfte immer – in der Regel implizit – machen,[47] zu beschreiben, also zu explizieren, und somit für andere zugänglich und kommunizierbar zu machen.[48] Denn verschiedene Lehrkräfte können das Verhalten einer Schülerin bzw. eines Schülers auf unterschiedliche Weise einschätzen, was einerseits auf unterschiedlichen Beobachtungskriterien und Interpretationen der Lehrenden oder andererseits auf tatsächlich divergierendes Verhalten der Schülerin bzw. des Schülers zurückzuführen ist. Hier wird nun der Versuch unternommen, durch kooperatives Diagnostizieren (u. a. mittels einheitlicher Beobachtungskriterien und gemeinsamen Interpretierens), Wertungsfehler so weit es geht zu vermeiden und ggf. abweichende Beobachtungen zu erkennen und nach Ursachen hierfür zu suchen.[49] Eingangstest, Schüler-Portfolio, Selbstbeobachtungs-

---

[46] Es handelt sich dabei um *eine* mögliche Gestaltung des ersten Halbjahres nach der Einschulung der Lernenden. Die Ausgestaltung der Förderpläne liegt letztlich in der pädagogischen und didaktischen Verantwortung der Lehrkräfte und ist für jeden Einzelfall zu prüfen. Hier könnten weitere Projekte bzw. Konzepte – aufbauend auf ersten Erfahrungen mit diesem Konzept – helfen, Strukturiertheit bezogen auf konkrete Maßnahmen zu schaffen.

[47] „Man kann nicht nicht diagnostizieren", Bach (2002), S. 137.

[48] Nach Nonaka ist die „Externalisierung" als Übergang von implizitem zu explizitem Wissen eine Möglichkeit für Wissenstransfer.

[49] In der Schulpraxis ist es nicht selten der Fall, dass herausgestellt wird, dass bspw. ein Schüler bei einem Lehrer ein auffälliges Verhalten zeigte, bei einem

bögen, Schüler-Lehrer-Gespräch mit Zielvereinbarungen und Beobachtungsbögen für Lehrkräfte sind Elemente, die letztlich das Erstellen und Evaluieren von Förderplänen unterstützen sollen.

5.2. Beobachten

Der zentrale Bestandteil dieser Phase ist das Fördergespräch. Dieses Gespräch sollte schülerorientiert gestaltet sein, was bedeutet, dass es durch wenige Leitfragen strukturiert, nicht zu stark gelenkt, also relativ offen sein sollte. Der Lernstandstest sowie der Selbstbeobachtungsbogen dienen der Lehrkraft zur Vorbereitung auf das Einzelgespräch. Die Einführung des Schüler-Portfolios und ggf. eine Gruppenarbeit im Klassenverband helfen den Schülerinnen und Schülern, sich auf das Schüler-Lehrer-Gespräch einzustimmen. Die Ergebnisse des Lernstandstests, der Selbstbeobachtung und insbesondere des Fördergesprächs werden durch die Klassenlehrerinnen und Klassenlehrer den Fachlehrerinnen und Fachlehrern auf dem Beobachtungsbogen zur Verfügung gestellt. Ein solcher Beobachtungsbogen liegt zu jeder Schülerin bzw. zu jedem Schüler vor.

---

anderen Lehrer jedoch nicht. Solche Beobachtungen werden im Schulalltag meist relativ spät (und meist zufällig) gemacht und bleiben dann folgenlos.

Abbildung 7: Teilprozesse und Organisationsstruktur der Beobachtungsphase

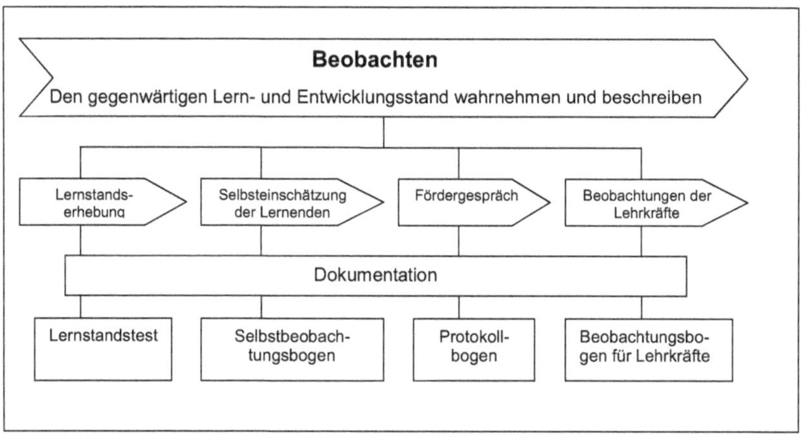

5.2.1. *Lernstandstest* (*vor Beginn des Schuljahres*)

Schülerinnen und Schüler haben häufig Angst vor „Fächern". Die große Chance besteht darin, dass sie nur in den seltensten Fällen bereits (negative) Erfahrungen mit berufsbildenden – kaufmännischen oder technischen – Fächern gemacht haben. Dieser Chance steht die Gefahr gegenüber, dass (unberücksichtigte) Schwächen, Ängste u. ä. bezogen auf die allgemeinenbildenden Fächer negative Auswirkungen auf die berufsbildenden Fächer haben. Umso bedeutsamer erscheint es, auf diese „Transfer-Gefahr" Rücksicht zu nehmen.

Daher führen viele Berufskollegs bereits zur Einschulung in die Bildungsgänge der Benachteiligtenförderung einen Lernstandstest ein. Dabei können Grundkenntnisse in den Bereichen Deutsch, Mathematik und Englisch erfasst werden. Dies erscheint besonders deshalb sinnvoll, da die berufsbezogenen Fächer (für den kaufmännischen Bereich: Betriebswirtschaftslehre mit Rechnungswesen, Informationswirtschaft und Volkswirtschaftslehre) auf bereits vorhandenen

Fähigkeiten im sprachlichen und mathematisch-logischen Bereich aufbauen und einen großen Teil der Gesamtstundenzahl ausmachen.

Die Ergebnisse dieser Eingangserhebung können die Diagnose der Stärken und Schwächen einer Schülerin bzw. eines Schülers erleichtern und werden daher zusammen mit den Ergebnissen des letzten Zeugnisses jeder Lehrkraft auf dem Beobachtungsbogen (Kapitel 5.1.5.) zugänglich gemacht. Ebenso können die Tendenzen des Tests in dem Fördergespräch (Kapitel 5.1.4.) angesprochen werden.

5.2.2. Selbsteinschätzung der Lernenden (ab der 1. Unterrichtswoche)

Die Selbsteinschätzung der Schülerinnen und Schüler ist ein wichtiger Bestandteil der Förderdiagnostik, insbesondere in der Benachteiligtenförderung, da man mit ihr wichtige Hintergrundinformationen über die Lernenden erhält.[50] Dabei sollten die Schülerinnen und Schüler auf ihre Stärken und Schwächen bezüglich des Arbeits- und Sozialverhaltens, sowie auf Vorlieben und Neigungen bezüglich fachlicher Inhalte, Methoden und Sozialformen eingehen können. Diese Selbstbeobachtungen werden in der ersten Schulwoche erhoben und können dann quartalsweise wiederholt werden.

Da diese Aussagen nur auf Schulerfahrungen an anderen Schulen basieren, dient dieser Selbstbeobachtungsbogen vordergründig zur Vorbereitung der Klassenlehrerinnen und Klassenlehrer auf das Schüler-Lehrer-Gespräch. Die Schülerinnen und Schüler heften ihre Selbstbeobachtungen in ihr Portfolio ein.

Zusätzlich dienen die Ergebnisse auch als Grundlage für die mittlerweile vorgeschriebenen Beurteilungen des Arbeits- und Sozialverhal-

[50] Zusätzlich wird die Fähigkeit, sich selbst einzuschätzen sowie den Lernprozess selbst zu reflektieren, gefördert.

tens.[51] Eine mögliche Struktur eines solchen Selbstbeobachtungsbogens ist in Anhang A abgelegt.

5.2.3. *Schüler-Portfolio (ab der 1. Unterrichtswoche)*

In der ersten Woche wird die Struktur der Portfolio-Mappe vorgegeben.[52] Auf diesem Wege wird den Schülerinnen und Schülern der Fahrplan geschildert (gemeint sind die einzelnen Elemente dieses Förderkonzepts). Da sie hier bereits darüber informiert werden, dass in der folgenden Woche die Schüler-Lehrer-Gespräche stattfinden, in denen über ihre Ziele, Stärken und Förderbedarfe gesprochen wird, dient die Einführung des Schüler-Portfolios bereits zur Vorbereitung auf das Schüler-Lehrer-Gespräch. Spätestens nach den Herbstferien sollte die Schülerin bzw. der Schüler eine Lehrkraft auswählen, welche die Arbeit mit dem Portfolio betreut. Die Auswahl der betreuenden Lehrkraft sollte sich an den Förderschwerpunkten orientieren.

In der ersten Schulwoche können bereits erste Gedanken der Schülerinnen und Schüler niedergeschrieben werden. Im Laufe der Zeit wird die Mappe mit Materialien gefüllt und – im günstigsten Fall – auf individuelle Bedürfnisse hin modifiziert. Nach und nach werden durch die Schülerinnen und Schüler das Protokoll des Schüler-Lehrer-Gesprächs, die Ergebnisse des Lernstandstest und andere Vereinbarungen in ihrem persönlichen Portfolio festgehalten. Da das Portfolio teilweise nach Außen gerichtet ist – also eine Art von (Be-) Werbung darstellt – und zum anderen Teil den schulischen Lernprozess dokumentieren soll, macht es Sinn, die Mappe entsprechend in

[51] Die Selbstbeobachtung der Schülerinnen und Schüler dient bei mehrfacher Wiederholung einer (transparenten) Prozessbeurteilung des Arbeits- und Sozialverhaltens.

[52] Einige Autoren weisen darauf hin, dass ein solches Portfolio unter Mitwirkung der Schülerschaft gestaltet werden sollte (vgl. Reich o. J.). Da das hier beschriebene Ziel der individuellen Förderung an sich schon partizipativ gestaltet ist, wird aus zeitlichen Gründen empfohlen, eine Struktur vorzugeben, die dann im Laufe des Schuljahres ggf. individualisiert werden kann.

zwei große Abschnitte aufzuteilen. Im Anhang B befindet sich ein Muster einer solchen Portfolio-Gliederung.[53]

Dieses Instrument erleichtert es den Schülerinnen und Schülern zudem enorm, den nötigen Weitblick für spätere Bewerbungen zu entwickeln (vgl. Deutschmann et. al. 2007, S. 4).

5.2.4. *Erstes Fördergespräch* (2.-3. *Unterrichtswoche*)[54]

Das Fördergespräch ist zentraler Bestandteil der Diagnosephase. Es wird mit jeder Schülerin und jedem Schüler geführt und muss protokolliert werden.[55] Idealerweise teilen sich zwei Klassenlehrer/innen die Lerngruppe auf. Das Protokoll des Gesprächs wird auch in das entsprechende Kapitel des Schüler-Portfolios eingefügt.

Der Dialog erfüllt eine Reihe von Funktionen (vgl. Hessisches Kultusministerium 2007, S. 16 f.):

1) Zunächst einmal leistet dieses Interesse an der einzelnen Schülerin bzw. am einzelnen Schüler einen großen Beitrag dafür, dass sich die Schülerin bzw. der Schüler, die/der in der Regel lediglich als Teil des Klassensatzes in Erscheinung tritt, als Individuum wahrgenommen, akzeptiert und wertgeschätzt fühlt.[56] Das Zwischenmenschliche muss

---

[53] Ein solches Lern-, Aufgaben- bzw. Lesetagebuch ist bereits ein erster Schritt hin zu einem individuellen Lernplan. Aus den Ergebnissen der Diagnosephase (Lernstandstest, Selbstbeobachtungsbogen, Schüler-Lehrer-Gespräch, Beobachtungsbogen der Lehrkraft) können *zusammen* mit der Schülerin bzw. mit dem Schüler bestimmte Fördermaßnahmen ergriffen werden, die durch die jeweiligen Fachlehrer mit angemessenen Aufgaben in dieses Kapitel integriert und bspw. in Vertretungsstunden bearbeitet werden.

[54] Aus pädagogischer Sicht müsste das Fördergespräch zu Beginn des Schuljahres durchgeführt werden, damit gewährleistet ist, dass die Lernenden nachvollziehen können, wofür die für sie ungewohnten Fördermaßnahmen durchgeführt werden. Allerdings erscheint dies zum Ende des vorangegangenen Schuljahres zeitlich und schulorganisatorisch kaum machbar.

[55] Die Lernenden können gemeinsam mit den Lehrkräften den vorgefertigten Protokollbogen ausfüllen.

[56] Insbesondere die Tatsache, dass die Schülerinnen und Schüler wahrnehmen, dass sowohl der Lernstandstest als auch der Selbstbeobachtungsbogen ausge-

bei jedem Bemühen um individuelle Förderung im Vordergrund stehen. Daher ist es von größter Bedeutung, dass das Gespräch inhaltlich und atmosphärisch offen gestaltet wird, um den jeweiligen persönlichen Bedürfnissen Rechnung zu tragen.

2) Das Gespräch soll Informationen über die Schülerin bzw. den Schüler liefern, insbesondere bezüglich individueller Besonderheiten des sozialen Umfelds, der Stärken und Schwächen, des Selbstbildes und der Ressourcen, aber auch im Hinblick auf schulische Erfahrungen.

3) Die Lernenden sollen ihre Ziele formulieren. Dabei ist es ihr/ihm selbst überlassen, ob sich diese Ziele auf die selbst formulierten Schwächen oder Stärken beziehen. Insbesondere bei Schülerinnen und Schülern mit negativem Selbstkonzept empfiehlt es sich, im Gespräch die individuellen Ressourcen zu betonen.

Das Gespräch ist somit der erste große Schritt zur Entwicklung verbindlicher Zielvereinbarungen zwischen der Schülerin bzw. dem Schüler, den Lehrkräften und ggf. den Eltern.[57] Das Gespräch wird in *zwei Phasen* unterteilt:

1. Gesprächsteil: Ist-Stand aus Sicht der Schülerin bzw. des Schülers. In diesem Gesprächsteil formuliert die Schülerin bzw. der Schüler den eigenen Ist-Stand auf verschiedenen Ebenen. Einige wenige Leitfragen strukturieren das Gespräch. Die Fragestellungen sollten so offen wie möglich sein (siehe Anhang C). Die Schwerpunkte dieses Gesprächs sollten personenbezogen sein, sich also sowohl an den Erkenntnissen aus dem Lernstandstest, der Selbstbeobachtung sowie an konkreten Äußerungen vor und während des Gesprächs orientieren.

---

wertet und im Gespräch berücksichtigt werden, zeigt ihnen, dass ihre Aussagen ernst genommen und nicht bloß irgendwo abgeheftet werden. Gleichzeitig verdeutlicht es den Schülerinnen und Schülern, dass sie wiederum kontinuierlich aktiv mitwirken müssen.

[57] Verbindliche Zielvereinbarungen werden in dem zweiten Fördergespräch getroffen.

Im Unterschied zum Selbstbeobachtungsbogen kann in diesem Gespräch nachgehakt und gemeinsam auf mögliche Ursachen und Wechselwirkungen geschlossen werden.[58] Die Lehrkraft sollte sich dabei weitgehend zurückhaltend verhalten. Die Schülerin bzw. der Schüler ist Mittelpunkt des Gesprächs, was am Anteil der Gesprächsbeiträge deutlich werden sollte.[59] Diese Phase kann bis zu 30 Minuten dauern. Sie bedient die ersten beiden der oben genannten Funktionen.

2. Gesprächsteil: Förderziele der Schülerin bzw. des Schülers. Nachdem der Ist-Stand aus Sicht der Schülerin bzw. des Schülers ausführlich beschrieben wurde, wird sie/er aufgefordert, eigene Ziele zu formulieren. Dabei kann es sich sowohl um (Lern-) Kompetenzziele als auch um Berufswünsche handeln. Die Schülerin bzw. der Schüler soll dabei eigene Vorschläge machen, wie diese Ziele erreicht werden können, vor allem wie einzelne Lehrkräfte (u. U. auch andere Schülerinnen und Schüler oder Eltern) im Unterricht und darüber hinaus behilflich sein können (u. a. durch Methodenwahl, Sozialformen, zusätzliche Angebote). Leitfragen können sein: Was wollen Sie bis zum Ende des Schuljahres verbessern? Wie können diese Ziele erreicht werden? Wer kann Ihnen wie dabei behilflich sein?

Es sollten nicht mehr als drei Ziele formuliert werden, um diese auch innerhalb eines überschaubaren Zeitraums erreichen zu können. Die Ziele sollten sich sowohl auf Stärken als auch auf Schwächen beziehen. Welche Rolle bei der Zielverfolgung das Portfolio haben kann, sollten beide Gesprächspartner gemeinsam überlegen. Unmittelbar nach dem Gespräch sollte klar sein, welche (kleineren) Einzelmaßnahmen in den nächsten Wochen (also bis zu den Herbstferien) in Angriff genommen werden. Den Schülerinnen und Schülern sollte

---

[58] Das Nachhaken ist besonders bei lernschwachen Lernenden von großer Bedeutung, da sich diese Schülerinnen und Schüler – aufgrund vielfältiger negativer schulischer Erfahrungen – tendenziell kritischer beurteilen als Lehrkräfte erwarten. Ein solches negatives Selbstkonzept lässt sich durch einen formalisierten Selbstbeobachtungsbogen kaum identifizieren. Vgl. auch Lutz (2006), S. 41f.

[59] Es ist zweifelsfrei eine Gratwanderung zwischen Ziellosigkeit und zu starker Lenkung des Gesprächs. Entsprechende Fortbildungen können ggf. notwendig werden.

bereits hier mitgeteilt werden, dass umfangreiche Fördermaßnahmen (erst) nach der Förderkonferenz (also nach den Herbstferien) folgen werden und dass am Ende des ersten Halbjahres ein weiteres Gespräch folgen wird, in dem die Zielerreichung evaluiert wird und möglicherweise andere Ziele formuliert werden.

Um das Gespräch vorzubereiten, kann in der ersten Schulwoche eine Gruppenarbeit im Klassenverband durchgeführt werden, in der die Schülerinnen und Schüler ein Bild einer „Idealschule" konstruieren und Maßnahmen skizzieren, die ihrer Ansicht nach ihre Stärken stärken und ihren Förderbedarf berücksichtigen. Diese Einführungsarbeit regt die Schülerinnen und Schüler an, sich Gedanken zu machen und ihre Ansichten auszutauschen, was zur Vorbereitung auf das Schüler-Lehrer-Gespräch förderliche Effekte haben kann.[60]

5.2.5. *Lehrerbeobachtungen* *(ab der 3. Unterrichtswoche)*

Beobachten ist (zumindest implizit) Alltagsgeschäft einer jeden Lehrkraft. Für ein Konzept zur individuellen Förderung erscheint es notwendig, dass sich alle beteiligten Lehrkräfte austauschen, um Beobachtungen der Schülerinnen und Schüler aus verschiedenen Perspektiven und in verschiedenen Zusammenhängen zu einem Gesamtbild zusammenbringen zu können. Beobachtungsstandards, die trotzdem offen genug sind, um jeden Einzelfall beschreiben zu können, entlasten dabei die Kommunikationsabläufe dieses Austauschs. Dies wird dadurch erreicht, dass einheitliche Beobachtungsraster aufgestellt sind, in denen nicht verschiedene Items abgehakt, sondern relevante Notizen eingetragen werden.

Es ist besonders zu betonen, dass die Beobachtungen *nur* beschrieben und Wertungen/Interpretationen – so weit es geht – vermieden wer-

---

[60] In von mir durchgeführten Fördergesprächen war zu erkennen, dass die Schülerinnen und Schüler ohne Vorbereitung auf das Gespräch nur sehr zögerlich und unter Vorbehalten Aussagen machten. Eine Projektarbeit kann die inneren Barrieren lockern. Auf die Notwendigkeit einer gezielten Vorbereitung wird auch von Lutz (2006) hingewiesen. Ein Beispiel für ein solches einführendes Schülerprojekt wird in El-Mafaalani (2009a) skizziert.

den sollten. Das Bewerten der Beobachtungen erfolgt erst im Austausch auf der Förderkonferenz (Kapitel 5.2.1). Durch ein solches Explizieren der Beobachtungen können Deutungs- bzw. Wertungsfehler vermieden werden.

Damit die einzelnen Beobachtungen bezüglich jeder Schülerin und jedes Schülers in der Förderkonferenz zielorientiert diskutiert werden können, macht es Sinn, ein Formular mit standardisierten Kriterien bei gleichzeitig erkennbaren individuellen Schwerpunkten vorzulegen, auf dem jede Lehrkraft ihre Beobachtungen formuliert (vgl. Anhang D).

Auf dem Beobachtungsbogen für Lehrerinnen und Lehrer sind die Selbsteinschätzungen der Schülerinnen und Schüler in verschiedenen Kategorien zusammengefasst. Ebenso werden das persönliche Umfeld, die Ergebnisse der Lernstandstests und andere Besonderheiten jeder Schülerin und jedes Schülers skizziert. Erwartungen der Schülerin bzw. des Schülers an die Lehrkraft und den Unterricht werden auf dem Dokument formuliert, damit diese Erwartungen im Unterricht durch die Lehrkräfte berücksichtigt werden können.[61]

Der Vorteil einer solchen Herangehensweise besteht darin, dass die Lehrkraft über eine Reihe von Informationen bezüglich der Schülerin bzw. des Schülers verfügt, um so die Beobachtungsschwerpunkte individualisieren und die Sicht der Schülerin bzw. des Schülers berücksichtigen zu können. Außerdem hat die Lehrkraft bereits Anhaltspunkte für die Förderung einzelner Schülerinnen und Schüler.

Diese intensive Beobachtungsphase dauert etwa fünf Wochen (bis zur Förderkonferenz nach den Herbstferien).

---

[61] Alle in diesem Absatz genannten Informationen kann der Klassenlehrer bzw. die Klassenlehrerin vorab in das Formular eintragen.

5.3. Auswerten und Entscheiden

Nachdem sich die Lehrkräfte in der Zeit bis zu den Herbstferien intensiv mit jeder Schülerin und jedem Schüler auseinandergesetzt haben und dadurch eine teilweise Vernachlässigung des Lehrplans zu erwarten ist,[62] müssen nun Maßnahmen ergriffen werden, die es gewährleisten, dass eine Lern-Progression bei den Schülerinnen und Schülern den Zeitverzug (der in der Zeit bis zu den Herbstferien entstand) noch vor Ende des Halbjahres kompensiert.

Durch die erste Förderkonferenz wird die Diagnose des Lern- und Leistungsstands der einzelnen Schülerin bzw. des einzelnen Schülers abgerundet und in transparenter Form werden Maßnahmen, Zuständigkeiten sowie Zeiträume festgehalten. Die Lernenden werden dann darüber informiert und können bei der Konkretisierung der Maßnahmen mitwirken.

Abbildung 8: Teilprozesse und Dokumentationsstruktur der Auswertungs- und Umsetzungsphase

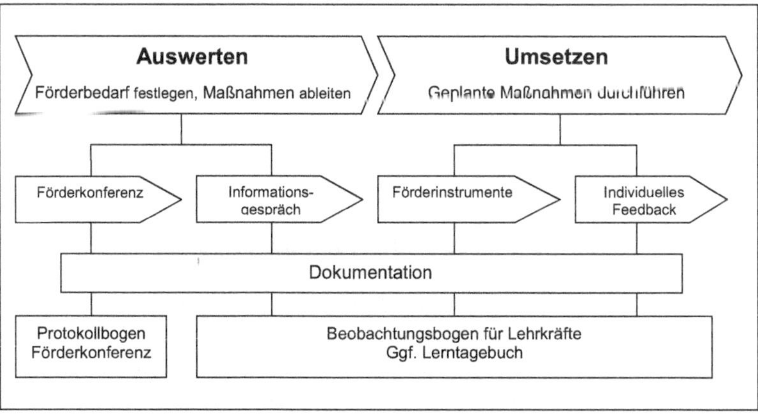

[62] Zur Problematik der Flexibilisierung routinierter Strukturen folgen in Kapitel 6 einige Hinweise.

5.3.1. *Erste Förderkonferenz (ca. 8. Unterrichtswoche)*

Die Förderkonferenz dient im Wesentlichen als Maßnahme zum Informationsaustausch und zur gemeinsamen Vereinbarung der weiteren Vorgehensweise seitens der Lehrenden. Ziel ist es, die von nun an folgenden Einzelprozesse zur Förderung jedes Einzelfalls zu synchronisieren und dabei immer auch die Perspektive der Schülerin bzw. des Schülers im Blick zu haben.

Ähnliche und abweichende Beobachtungen identifizieren und ergründen:

Sollte bspw. von allen Lehrkräften ein auffälliges Verhalten beobachtet worden sein, dann wird gemeinsam überlegt, welche Ursachen dafür herangezogen werden können und wie ein Förderplan aussehen kann. In vielen Fällen werden die Lehrkräfte zu verschiedenen Beobachtungen kommen, was zunächst die Frage nach dem *Warum* aufwirft. Hier bietet das jeweilige Lehrerverhalten und die Unterrichtsgestaltung (Methoden/Sozialformen) insbesondere im Zusammenhang mit den Stärken der Schülerin bzw. des Schülers einen Ansatzpunkt. Was in beiden Fällen vermieden werden sollte, sind Persönlichkeitszuschreibungen, da solche „Etikettierungen" dazu führen, nichts zu tun und sich dann auch falsche Diagnosen bewahrheiten (können).

Gemeinsam Beschlüsse fassen und Aufträge verteilen:

In jedem Fall endet die Besprechung des Einzelfalls mit einer schriftlichen Fixierung von Vereinbarungen und Aufträgen, wobei auch der Hauptverantwortliche[63] und eine konkrete Zeitvereinbarung festgelegt werden. Ideal wäre es, wenn sich die Lehrkräfte darauf verständigen, wann eine Maßnahme erfolgreich war bzw. wie sich die Ziel-

[63] Bei der Auswahl der hauptverantwortlichen Lehrkraft sollten die Förderziele, aber auch die Wünsche der betreffenden Schülerinnen und Schüler mit einfließen.

erreichung messen bzw. beobachten lässt.[64] Einsatzmöglichkeiten des Portfolios sollten dabei immer geprüft werden.

Ein Musterentwurf eines solchen Formulars ist in Anhang E abgebildet. Bei einer angenommenen Klassenstärke von 18 Schülerinnen und Schülern und einer durchschnittlichen Dauer pro Einzelfall-Formular von zehn Minuten kann die Förderkonferenz auf drei Stunden angesetzt werden. In der Zeile „Förderbedarf aus Sicht der Schülerin bzw. des Schülers“ werden die Ergebnisse des Schüler-Lehrer-Gesprächs zusammengefasst.

Weitere mögliche Tagesordnungspunkte können sein: Betreuung der Portfolios durch die Lehrkräfte; Bündelungen von verschiedenen Förderschwerpunkten im Unterricht; eine sinnvolle Datierung notwendiger bzw. der Wegfall nicht rechtlich festgeschriebener Klassenarbeiten.

5.3.2. *Informationsgespräche mit allen Lernenden* *(ca. ab der 9. Unterrichtswoche)*

Die Beschlüsse der Förderkonferenz müssen den Schülerinnen und Schülern transparent gemacht werden. Hierfür macht es Sinn, dass diesmal nicht der Klassenlehrer bzw. die Klassenlehrerin, sondern die durch die Förderkonferenz festgehaltenen Hauptverantwortlichen mit den einzelnen Schülerinnen und Schülern die Vorgehensweise und Planung abstimmen und dabei auch auf die Gründe für die in der Förderkonferenz getroffenen Entscheidungen eingehen. Die Konkretisierung der Vorhaben erfolgt in Zusammenarbeit von Lehrenden und Lernenden.

Es kann also bis hierhin festgehalten werden, dass sowohl die Sicht der Lehrkräfte als auch die Sicht der Lernenden für die Identifizierung des Förderbedarfs sowie zur Konkretisierung der Maßnahmen

---

[64] Bspw. könnte das durch Satzformulierungen wie "Albert beteiligt sich stärker am Unterricht" oder "Sabine bringt regelmäßig ihre Schulunterlagen mit" ausgedrückt werden. Auf diese Weise entsteht eine geeignete Gesprächsgrundlage für die nächste Förderkonferenz.

(-gestaltung) berücksichtigt werden. Das Ziel des wechselseitigen Förderns *und* Forderns ist bereits in der Diagnosephase fest angelegt.

5.4. Umsetzen

Nach der Diagnose müssen Maßnamen ergriffen werden, die im Idealfall auf drei Ebenen wirken. Dabei wird darauf geachtet, dass jeder Schritt im Einvernehmen mit den beteiligten Schülerinnen und Schülern geplant und durchgeführt wird. In der Unterrichtsgestaltung können die bereits ermittelten Fähigkeiten, Ängste und Vorerfahrungen der Schülerinnen und Schüler durch alle Lehrkräfte im *Klassenunterricht* berücksichtigt werden. Im Gegenzug verpflichten sich die Lernenden, mit Unterstützung der Lehrkräfte, an ihren Zielen zu arbeiten. Auf Vorschlag der Klassenleitung bilden zwei bis drei Lernende mit unterschiedlichen Stärken und Schwächen ein *Lernteam*. Sie arbeiten kontinuierlich zusammen und lernen voneinander. Sie arbeiten gemeinsam an ihren Schwächen und bauen gleichzeitig ihre Stärken weiter aus. Sie sind füreinander die primären Ansprechpartner und sind gemeinsam verantwortlich für ihre Zielerreichung. Diese kooperative, dezentrale Lernform entlastet nach einiger Zeit die Lehrkräfte und ermöglicht Freiräume zur fokussierten persönlichen Beratung einzelner Schülerinnen und Schüler (vgl. Seifried 2005, S. 248).

Von den Lernenden wird das *Portfolio* geführt, in dem sowohl besondere Fähigkeiten als auch Schwächen berücksichtigt werden. Dieses Instrument fördert *individualisiertes Lernen* bezogen auf die individuellen Förderschwerpunkte und ermöglicht Selbstorganisations- und Reflexionsprozesse. Dadurch kann ferner die Berufsorientierung der Lernenden unterstützt werden. Gleichzeitig dient es den Lehrenden als Orientierungshilfe bei der Bewertung des Förderbedarfs und bei der Beurteilung von Fördermaßnahmen.

Klassenunterricht, kooperative Lernformen und Selbstreflexionsprozesse begleiten parallel den Schultag, wenn möglich werden Verknüpfungen zwischen den Ebenen angestrebt (vgl. Voß 2005, S. 57).

Auf welche Art und Weise die Umsetzung des diagnostizierten Lernbedarfs letztlich erfolgt, müssen die Lehrerteams vor Ort entscheiden. Die Entwicklung eines *Methodencurriculums* könnte angestrebt werden.[65] Unterrichtsentwicklung – hin zu einer Verankerung *kompetenzorientierter Unterrichtsformen* – erscheint ebenso unabdingbar. *Wochenplanarbeit* und/oder eine *Projektwoche* könnten unter Berücksichtigung der Ergebnisse der Diagnosephase hoch effektiv und gleichzeitig effizient gestaltet werden, weil in die Projektwochenplanung der Förderbedarf und die besonderen Stärken der Lernenden umfassend einbezogen werden können. *Kompetenzraster* würden insbesondere in der Umsetzungsphase die Arbeit enorm erleichtern.[66] Wie die Umsetzung konkret gestaltet wird, ist letztlich von der Arbeitsweise der Lehrkräfte und den besonderen Bedürfnissen der Lernenden abhängig zu machen. Da die Lehr-Lern-Prozesse mit ihren zahlreichen didaktisch-methodischen Facetten auf das differenzierte Leistungs- und Arbeitsvermögen der Schülerinnen und Schüler und deren Förderbedarfe individuell abgestimmt und organisiert werden müssen, erscheint eine Standardisierung hier nicht möglich (vgl. El-Mafaalani 2010 und Tabelle 6).

---

[65] Ein solches Methodencurriculum würde sicherstellen, dass bestimmte Arbeitsweisen erprobt und wiederholt werden und sich dabei alle Lehrkräfte beteiligen, damit darauf aufbauend die tiefergehende Förderung durch die Hauptverantwortlichen ermöglicht wird.

[66] Diese müssen allerdings schulintern konzipiert werden. Zur Entwicklung von Kompetenzrastern siehe Kapitel 4.1.1.

Tabelle 6: Standardisierbarkeit einzelner Schritte

Standardisierbar	**Nicht standardisierbar**
Kriterien zur Beobachtung, Bewertung und Evaluation des Lernfortschritts	Lehr-Lern-Arrangements
Verfahren zur Diagnose des Lernstands, zur Beurteilung und Evaluation des Lernfortschritts	Entscheidung über konkrete individuelle Fördermaßnahmen
Dokumentation und *Terminierung* einzelner Prozessschritte	Pädagogisches Fingerspitzengefühl
Verwaltung von Schülerdaten	Lehrer-Schüler-Interaktion

In der Durchführungsphase ist es die Aufgabe aller Lehrkräfte, den Schülerinnen und Schülern individuelle Feedbacks – bezogen auf ihren speziellen Förderbedarf und hinsichtlich ihrer Selbsteinschätzungen – zu geben. Absprachen zwischen einzelnen Lehrkräften können in dieser Phase noch notwendig werden. Sollte dies in umfangreichem Maße erforderlich werden, ist dies festzuhalten, um darauf aufbauend die Prozessoptimierung anzuregen (Evaluationsphase).

5.5. Prüfen

Das erste Halbjahr ist in gewisser Weise vom Beobachten, Berücksichtigen und Ausprobieren durchzogen. Das Ziel sollte sein, am Ende des ersten Halbjahres ähnliche Leistungsstände zu erreichen, wie sie ohne dieses Konzept realisiert worden wären. Erst nach der Zwischenevaluation durch das zweite Fördergespräch und die zweite Förderkonferenz ist zu erwarten, dass sich die Leistungen der

Schülerinnen und Schüler steigern, was letztlich eine größere Zufriedenheit der Lernenden sowie eine zeitliche Entlastung der Lehrkräfte zur Folge hat.[67] Anders formuliert: Je intensiver die Arbeit im ersten Halbjahr gemacht wird, desto erfolgreicher wird das zweite Halbjahr.

Abbildung 9: Teilprozesse und Dokumentationsstruktur der Kontrollphase

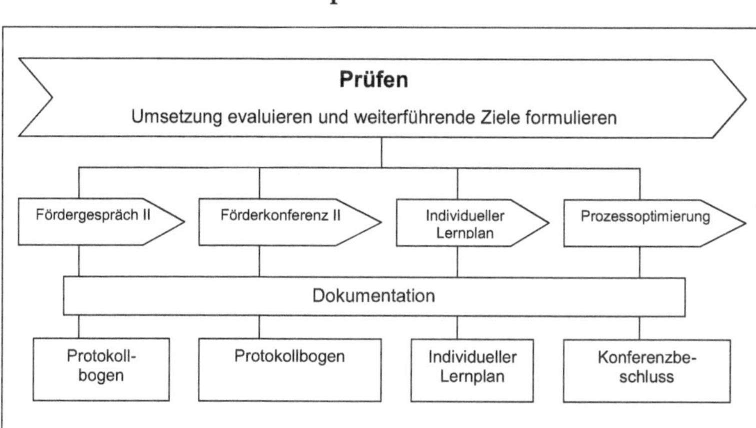

5.5.1. Zweites Fördergespräch (17.-18. Unterrichtswoche)

Für dieses Gespräch bereiten sich beide Seiten mithilfe des Protokolls des ersten Fördergesprächs vor. Die Lernenden sollten zusätzlich das Portfolio zur Vorbereitung nutzen. Daher wird das Gespräch sehr schülerspezifisch ausgerichtet sein. Zunächst wird das letzte Ge-

[67] Die gesteigerte Motivation und Selbstständigkeit der Lernenden sowie der umfangreiche Informationsaustausch unter den Lehrenden lässt kaum einen anderen Schluss zu, vgl. dazu den Bericht über das Projekt "KomLern" in Deutschmann u.a. (2007), S. 5 f. Der eigene Erfahrungsbericht macht dies ebenso deutlich (vgl. Kapitel 6).

spräch (insbesondere bezüglich der Ziele und deren Erreichung) zusammengefasst.[68] Daraufhin wird die Schülerin bzw. der Schüler von der Klassenlehrerin bzw. dem Klassenlehrer aufgefordert, die Zeit nach dem ersten Gespräch zu beschreiben und zu bewerten und dabei die eigene Entwicklung zu berücksichtigen. Auch in diesem Gespräch steht nicht die Lehrkraft im Mittelpunkt. Mögliche Leitfragen zu diesem Gespräch sind in Anhang F angeführt. Auch in diesem Gespräch wird ein Protokoll geführt und beiden Seiten ausgehändigt.

Das Gespräch kann auf verschiedene Weisen mit Zielformulierungen enden. Zwei idealtypische sollen hier skizziert werden:

a. Die bisherigen Maßnahmen werden von beiden Seiten als positiv und zielführend bewertet. Dann sind weitere Ziele und Maßnahmen abzusprechen. In diesem Falle wird – auch zur Förderung von Selbstständigkeit und Verantwortungsbereitschaft – der Schülerin bzw. dem Schüler vorgeschlagen, sich selbstständig mit den betreffenden Lehrkräften in Verbindung zu setzen.

b. Einige/viele Maßnahmen werden von der Schülerin bzw. dem Schüler als unbefriedigend bzw. wirkungslos bewertet. In diesem Fall wird die Schülerin bzw. der Schüler aufgefordert, Verbesserungsvorschläge zu machen und bessere von schlechteren Maßnahmen zu unterscheiden.

Die zweite Förderkonferenz nimmt Bezug auf die Protokolle dieser Gespräche.

---

[68] Idealerweise wird dies durch die Schülerin bzw. den Schüler gemacht.

5.5.2. *Zweite Förderkonferenz (ca. 19. Unterrichtswoche)*

In der zweiten Förderkonferenz werden alle Maßnahmen im Hinblick auf ihre Effektivität und ihre Effizienz geprüft:

a. Waren die Maßnahmen effektiv?

Die Entwicklung jeder Schülerin und jedes Schülers wird zunächst geprüft. Dabei wird von der Klassenlehrerin bzw. vom Klassenlehrer der Einzelfall skizziert (Lernstandstest, Fördergespräch, Beschluss der ersten Förderkonferenz), um daraufhin die Ergebnisse des zweiten Fördergesprächs vorzustellen. Daraufhin kommen die in der ersten Förderkonferenz festgehaltenen Hauptverantwortlichen zu Wort. Anschließend wird der Gesprächskreis erweitert. Ziel ist es, unter Berücksichtigung der Ansichten der Schülerin bzw. des Schülers, die in dem zweiten Fördergespräch formuliert wurden, Maßnahmen zur besseren Förderung zu finden oder – für den Fall, dass bestimmte Ziele weitgehend realisiert werden konnten – neue Ziele anzuvisieren. Auch hier werden alle Vereinbarungen festgehalten (Anhang G).[69]

b. Waren die Maßnahmen effizient?

Nachdem die Fördermaßnahmen aller Schülerinnen und Schüler einzeln diskutiert und schriftlich festgehalten wurden, wird durch die Lehrkräfte der Mitteleinsatz geprüft. Welche Vorgehensweisen und Maßnahmen haben die Hauptressource „Zeit" unverhältnismäßig in Anspruch genommen? Welche können stattdessen forciert werden? Wie können Prozesse reibungsloser gestaltet werden? Wie kann der Informationsfluss optimiert werden? Ist die (Zusatz-) Belastung der Lehrkräfte gerecht verteilt? Worauf kann man im nächsten Schuljahr verzichten, was

[69] Ob es notwenig erscheint, einen stark formalisierten Lernvertrag abzuschließen, muss im Einzelfall geprüft werden.

könnte stattdessen geschehen etc. pp.?[70] Bei all diesen Überlegungen sollte dennoch die Förderung der Schülerinnen und Schüler Berücksichtigung finden.

Am Ende des gesamten Schuljahres muss dann eine Abschluss-Evaluation erfolgen, in der konkrete Änderungen für das nächste Schuljahr beschlossen werden.

5.5.3. Detaillierte individuelle Förderpläne als langfristiges Ziel

Langfristig wäre das Ziel, für jede Schülerin und für jeden Schüler einen gestuften und an Output orientierten individuellen Förderplan zu entwickeln. Hierfür ist die Entwicklung einer didaktischen Jahresplanung anzustreben, in der kompetenzgestufte Output-Niveaus in Form eines Kompetenzrasters formuliert sind, welche dann gezielt zur Ist-Stand-Bestimmung und zur Beschleunigung der Diagnosephase genutzt werden können (vgl. Kapitel 4.1.4).[71]

Um dem Ziel individueller Förderpläne für alle Schülerinnen und Schüler näher zu kommen, erscheint es sinnvoll, bereits im ersten Durchlauf dieses Konzepts, erste dahingehende Anstrengungen zu unternehmen. Ausführlichere Lernpläne für zwei bis drei Schülerinnen und Schüler mit besonderem Förderbedarf könnten entwickelt und am Ende des Jahres evaluiert werden. Die Auswahl der Schülerinnen und Schüler könnte in der zweiten Förderkonferenz gemeinsam getroffen werden, genauso wie der Kreis der Lehrerinnen und Lehrer, der diese entwickelt. Ein Muster für einen solchen individuellen Lernplan ist in Anhang H abgelegt.

---

[70] Es ist davon auszugehen, dass bestimmt Elemente weggelassen werden, was dennoch positive Auswirkungen haben kann. Diese Aussage ist von der Überzeugung geleitet, dass unzufriedene Lehrkräfte zu keinen guten Ergebnissen bezüglich individueller Förderung kommen werden. Hier wird also ein pragmatischer Ansatz betont. Ansonsten müssten Rahmenbedingungen verändert werden, die durch die Schule kaum beeinflussbar sind.

[71] Vgl. Hessisches Kultusministerium (2007), S. 43 ff. Hier wird vorgeschlagen, mit kompetenzgestuften Klassenarbeiten zu beginnen. Vgl. auch Preiß (2005), S. 67ff. Der Autor entwirft ein Kompetenzkonzept für den kaufmännischen Bereich.

5.6. Zusammenfassende Darstellung

Das hier skizzierte Konzept bietet die Möglichkeit, umfassende Elemente individueller Förderung in den Schulalltag – insbesondere in der Bildungsgangorganisation – zu integrieren. Ohne ein begleitendes Bemühen um Fortbildungen der Lehrkräfte (Personalentwicklung) und – damit einhergehend – konkrete Veränderungen im Unterricht (Unterrichtsentwicklung) kann individuelle Förderung von benachteiligten Schülerinnen und Schüler nicht erfolgreich praktiziert werden. Andererseits werden die vorhandenen Bemühungen in der Lehrerausbildung und -fortbildung ohne eine geeignete Schul- und Bildungsgangorganisation im Alltag versickern.

Auf der Ebene der Schul- bzw. Bildungsgangorganisation bieten sich enorme Vorteile, wenn es ermöglicht werden kann, dass nur eine sehr begrenzte Anzahl von Lehrkräften in Bildungsgängen der Benachteiligtenförderung eingesetzt wird (etwa 4 Lehrkräfte). Die Koordination zwischen den Lehrkräften, aber auch die intensive Beschäftigung mit den Lernenden kann dadurch begünstigt werden. Die Vermeidung des 45-Minuten-Takts zugunsten von (wenigstens) Doppelstunden würde die Umsetzung enorm erleichtern.

Die Aufgaben der Lehrenden verlagern sich tendenziell hin zu individueller Begleitung und Beratung – sowohl im Klassenverband als auch in der Lernbeziehung zu den einzelnen Lernenden. Die Arbeit mit dem Portfolio bietet einen solchen Rahmen, innerhalb dessen sich Lernende (und Lehrende) durch eine reflexive Praxis gemeinschaftlich und individuell an der Weiterentwicklung beteiligen. Das Schüler-Portfolio kann demnach als Bindeglied zwischen den Maßnahmen aller hier beschriebenen Phasen zur individuellen Förderung gelten, da es Kompetenzen stärkt, Reflexionsprozesse individuell fördert und dabei den Menschen als Ganzen in den Mittelpunkt stellt. Die genaue Einführung und Ausgestaltung eines Portfolios kann hier genauso wie die didaktischen Gestaltungsmöglichkeiten des Unterrichts nicht zufriedenstellend erläutert werden, da dies zweifellos den Rahmen sprengen würde. Einige allgemeine Hinweise zu einer lernförderlichen Kommunikation können bei Eschelmüller (2007) nachgeschlagen werden.

Tabelle 7 zeigt abschließend einen chronologischen Gesamtüberblick, inklusive der jeweils relevanten Dokumente (im Anhang).

Tabelle 7: Chronologischer Überblick für das erste Halbjahr[72]

Phasen	Elemente/ Dokumente	Zeit/ Woche	Verantwortliche Lehrkraft	Anhang
Beobachten	Lernstandstest	0. Woche	Gesamter Bildungsgang	--
	Selbstbeobachtung	1. Woche	Klassenleitung	A
	Schüler-Portfolio	ab 1. Woche	Klassenleitung o. ausgewählte Lehrkräfte	B
	1. Fördergespräch	2.-3. Woche	Klassenleitung	C
	Lehrerbeobachtung	ab 3. Woche	Alle Lehrkräfte	D
Auswerten	I. Förderkonferenz	ca. 8. Woche	Alle Lehrkräfte, moderiert durch Klassenleitung	E
	Schüler informieren	ca. 9. Woche	Ausgewählte Lehrkräfte	--
Umsetzen	Maßnahmen und Feedbacks	9.-17. Woche	Hauptsächlich ausgewählte Lehrkräfte	--
Prüfen	2. Fördergespräch	17.-18. Woche	Klassenleitung	F
	II. Förderkonferenz	ca.19 Woche	Alle Lehrkräfte, moderiert durch Klassenleitung	G
	Individuelle Lernpläne	ab 20. Woche	Ausgewählte Lehrkräfte	H

[72] Ein Halbjahr hat etwa 20 Unterrichtswochen.

6. Erfahrungen und Reflexionen

In diesem Kapitel wird die Erprobung des Konzepts im Rahmen eines Pilotprojekts dargelegt. Hierbei wird es insbesondere darum gehen, zu schildern, wie es von den Lernenden und Lehrenden aufgenommen wurde, um daran anschließend die Problematik von Widerständen, die beobachtet wurden, zu diskutieren. Zuletzt wird auf die politischen und gesellschaftlichen Rahmenbedingungen eingegangen, die für schulische Veränderungsprozesse von Relevanz sind.

6.1. Die Perspektive der Lernenden

Die Lernenden reagierten zunächst eher distanziert und passiv auf diese Maßnahmen. Das sollte aber nicht dazu führen, den Prozess voreilig in Frage zu stellen. Die Betrachtung der Ergebnisse nach einem Halbjahr zeigte, dass das beschriebene Vorgehen bemerkenswerte Potenziale zum Vorschein bringen kann. Die zuvor eher passive Rolle der Schülerinnen und Schüler wandelte sich im Laufe der Zeit hin zu einer fordernden und aktiven Haltung. Lernerfolge und Zielerreichung wurden – in unterschiedlichem Tempo – festgestellt. Zusätzlich konnten Vorurteile einiger Lernender bzw. Vorbehalte unter den Lernenden abgeschwächt werden. Das Arbeits- und Sozialverhalten sowie das Lernklima wurden deutlich verbessert.

An zwei Fallbeispielen kann die Entwicklung anschaulich verdeutlicht werden (vgl. hierzu auch El-Mafaalani 2009b).

- Anastasia ist eine 20-jährige russischstämmige Mutter, die nach einer zweijährigen Pause ihre Schullaufbahn fortsetzt. Sie lebt seit acht Jahren in Deutschland und beherrscht die deutsche Sprache in Wort und Schrift überdurchschnittlich gut. Sie ist außergewöhnlich zuverlässig, ordentlich, hilfsbereit und ehrgeizig. Ihre Schwächen liegen im Bereich Mathematik. Sie hat Prüfungsangst und große Hemmungen, einen Vortrag zu halten bzw. einen Wortbeitrag zu geben.

- Rüdiger ist 18 Jahre alt und zeichnet sich durch überdurchschnittliche Fähigkeiten im Bereich Mathematik aus. Allerdings hat er auffällige Lese- und Schreibprobleme sowie Schwierigkeiten, sich über längere Zeit zu konzentrieren. Nach eigenen Angaben sind in seinem Haushalt weniger als zehn Bücher vorhanden – überwiegend alte Schulbücher. Er hat effektive Strategien entwickelt, seine Schwächen zu verbergen, u. a. meidet er die Zusammenarbeit mit anderen und ist häufig unkooperativ. Rüdiger ist mehrmals durch diskriminierende Äußerungen gegenüber Ausländern und Frauen aufgefallen.

- Anastasia und Rüdiger haben aber auch eine Reihe von Gemeinsamkeiten: Ihre Eltern sind von Arbeitslosigkeit betroffen, beide streben das Fachabitur an und haben noch keine konkreten Berufsvorstellungen. Bei beiden kann ein negatives Selbstkonzept vermutet werden: Sie geben an, immer das Gefühl zu haben, dass ihre Schwächen in der Schule überbetont wurden und glauben selbst nicht daran, dass sie mit ihren Stärken etwas erreichen können. Die konkrete Herausforderung in beiden Fällen ist die lernförderliche Zusammenführung der jeweiligen Stärken und Schwächen, mit dem Ziel einer Stärkung beider Persönlichkeiten.

Am Beispiel von Rüdiger kann der Lernfortschritt greifbar beschrieben werden. Er hat bereits nach drei Monaten das erste Mal ein ganzes Buch gelesen. Er arbeitete auch in seiner Freizeit zielstrebig mit Arbeitsblättern und später selbstständig mit einem E-Learnig-Programm. Seine Lese- und Schreibfähigkeit konnte sichtbar verbessert werden. Anastasia hat ebenso an ihren Schwächen gearbeitet und Ängste abgebaut. Beide stehen heute, 2 Jahre später, vor dem Abschluss der Fachhochschulreife.

Die Arbeit mit dem Lerntagebuch wurde von vielen Lernenden intensiv – auch außerhalb des Unterrichts – durchgeführt. Durch die Reflexion des Lernprozesses konnten sie ihren Lernfortschritt nachvollziehen und dadurch effizientere Lernstrategien entwickeln. Dadurch konnten sie an ihrem Selbstkonzept arbeiten, was ihr Selbstvertrauen und ihre Selbstständigkeit deutlich förderte. Insgesamt haben alle Schülerinnen und Schüler, die regelmäßig am Unterricht teilgenommen haben, weiterführende Abschlüsse erlangt und/oder einen Ausbildungsplatz bekommen.

Das insgesamt positive Fazit muss um einige Einschränkungen ergänzt werden. Es bleibt festzustellen, dass nicht alle Schülerinnen und Schüler mit dieser Vorgehensweise erreicht werden können. Ein Mindestmaß an Eigeninitiative ist Grundvoraussetzung für den Lernerfolg. Hohe Fehlzeiten und Schulabbrüche sind nicht selten Hindernisse dafür, ein vollständig positives Ergebnis zu ziehen. Trotzdem zeigt sich deutlich, dass es sich *nicht* um Schulversager handelt, sondern um Versagen der Schule, denn mit entsprechendem Aufwand kann man bei einem großen Teil der Jugendlichen Defizite, Ängste und Lernhindernisse kompensieren.[73]

6.2. Die Perspektive der Lehrkräfte

Zunächst gilt also festzuhalten: Es ist möglich, innerhalb der Organisation Schule auf Veränderungsdruck zu reagieren. Im Rahmen der gegebenen Möglichkeiten kann das Pilotprojekt und damit das Förderkonzept als durchaus erfolgreich bewertet werden. Allerdings war es getragen vom besonderen Engagement einzelner Lehrkräfte, die freiwillig (und damit auch unvergütet) zusätzliche Arbeit in Kauf nahmen. Bei vielen Lehrkräften wurden bereits bei der Planung des Konzepts größere Bedenken bezüglich der *zeitlichen Zusatzbelastung* und der *Koordination* geäußert. Ebenso stand das *Klassenlehrerprinzip* im Fokus der Kritik, da die Klassenlehrer bereits jetzt zeitlich stark belastet seien.

Der *zeitliche Aspekt* spielt im Lehrerberuf immer eine besondere Rolle. In der Tat ist bei der Einführung des Konzepts eine zeitliche Mehrbe-

[73] Massive familiäre oder psychische Problemen konnten bei einigen Schülerinnen und Schülern zumindest frühzeitig als solche erkannt und die Jugendlichen dann an entsprechende Stellen vermittelt werden. Mehr kann im System Schule (derzeit) nicht geleistet werden.

lastung zu erwarten. Besonders zu betonen ist, dass die Fördermaßnahmen selbst kaum zeitliche Ressourcen in Anspruch nehmen. Lediglich die Diagnose – also die Auswertung der Klassenarbeiten, der Selbstbeobachtungsbögen sowie die Durchführung der Fördergespräche – benötigt zusätzliche Zeit, die man anderswo herbekommen muss. Springstunden, Freiarbeitstunden oder Termine außerhalb der Unterrichtszeit könnten dafür angesetzt werden. Es wäre auch denkbar, in den ersten Wochen in einem Fach eine Projektarbeit anzusetzen, aus der die Lernenden einzeln zu den Gesprächen rausgeholt werden.[74] Der *Lehrplan* und die Termine für *Klassenarbeiten* könnten flexibilisiert werden, so dass durch eine Lernprogression aller Lernenden am Ende des Schuljahres alle Inhaltsbereiche lehrplanmäßig behandelt und bewertet werden können – mit einem größeren Lernerfolg. Damit diese Aspekte flexibel gestaltet werden können, bedarf es der *Unterstützung der Schulleitung* und der *Bereitschaft der Lehrenden,* eingespielte Routinen in Frage zu stellen.

Letztlich soll das Konzept den Lehrkräften helfen, die Schwierigkeiten im Alltag zu meistern. Was sind die Schwierigkeiten? Mangelnde Motivation, mangelnde Lernfortschritte, auffälliges Sozialverhalten etc. der Schülerinnen und Schüler (besonders wenn sie sich oder das Schuljahr aufgegeben haben). All diese Probleme können – mit der daraus folgenden Aussicht auf Entlastung – entschärft werden, insbesondere deshalb, weil sich auch die Haltung der Schülerinnen und Schüler der Lehrkraft gegenüber zum Positiven hin entwickelt. Denn wenn ein Schüler wirklich das Gefühl hat, die Lehrkräfte sind nachhaltig daran interessiert, zu helfen, zu fördern, konstruktive Freiräume zu lassen etc., dann entsteht automatisch – so die Erfahrungen in diesem Projekt – eine Sogwirkung und die Schülerinnen und Schüler entwickeln Interessen, die den Lehrkräften durchaus entgegenkommen. Die zeitliche Mehrbelastung in der Anfangsphase führt zu besseren Leistungen der Lernenden und damit auch zu einer Entlastung der Lehrkräfte im Laufe der Zeit.

Letztlich ist jedoch festzuhalten, dass der Gesamtprozess – nach dem ersten Durchlauf – deutlich modifiziert wurde und auf pragmati-

---

[74] Für ein Beispiel eines solchen Projekts, vgl. El-Mafaalani (2009a).

scher Ebene lediglich in einzelnen Klassen für Schülerinnen und Schüler mit ganz besonderem Förderbedarf fortgeführt wird. Lehramtsanwärter und junge Lehrkräfte werden allerdings unmittelbar in diese Prozessstrukturen eingebunden und entwickeln diese weiter.[75]

6.3. Widerstände

Veränderungsprozesse im öffentlichen Dienst sind langfristige Unternehmen, insbesondere deshalb, weil sie im System Schule weitgehend auf Freiwilligkeit beruhen. Widerstände stellen auch deshalb eine besondere Schwierigkeit dar, weil einerseits im Kontext Schule keine Wettbewerbssituation vorherrscht, die zu Veränderungen im Sinne der Überlebensfähigkeit der Organisation „zwingt", und andererseits für die einzelnen Lehrkräfte kaum Anreize bestehen, auf Veränderungsdruck zielorientiert (also in eine bestimmte Richtung) zu reagieren. Widerstände können subtil sein. In der Organisation Schule hat man es aber in der Regel mit offenen Widerständen zu tun, was zunächst gut ist. Missfallen, Gleichgültigkeit u. ä. werden offen dargelegt. Lange, diskussionsreiche Konferenzen sind die Regel und auch offene Austragungen von internen Konflikten sind nicht selten. In Bezug auf die Widerstände im hier geschilderten Schulentwicklungsprozess dominiert aus Sicht vieler Lehrkräfte ein entscheidender Einwand: Die bei diesen benachteiligten Jugendlichen über viele Jahre hinweg an anderer Stelle (Familie, Schulsystem etc.) gemachten „Fehler" könnten in kurzer Zeit nicht mehr ausgeglichen werden oder würden die eigene Schule zu stark belasten. Es werden also auf der einen Seite die wenigen Schülerinnen und Schüler in den Vordergrund gestellt, bei denen dieses Vorgehen keine Erfolge gebracht hat, und auf der anderen Seite scheint in der subjektiven Wahrnehmung vieler Lehrkräfte der Aufwand nicht in einem angemessenen Verhältnis zu dem Ergebnis zu stehen. Hieran wird sichtbar, dass die besondere Herausforderung darin liegt, eine „Veränderung der Grundeinstellung gegenüber Schule und Lehren" zu bewir-

[75] Die implizite Akzeptanz gegenüber der beschriebenen neuen Prozessstrukturen zeigt sich bei älteren Lehrkräfte dadurch, dass sie Praktikanten und Referendare in diese Klassen schicken, "da das in Zukunft wichtig sein wird".

ken (Becker/Langosch 2002, S. 368). Das Rollenverständnis von Lehrkräften und Schulleitungen beschränkt sich häufig immer noch ausschließlich auf das „eigene" Lehren und die „eigene" Beziehung zu den „eigenen" Schülerinnen und Schülern, wobei organisationsbezogene Handlungskompetenzen im Selbstbild dieser Akteure immer noch unterbewertet werden (vgl. Arnold/Gonon 2006, S. 222).

Diese typischen Gegenstimmen bei Veränderungsprozessen gilt es ernst zu nehmen und auch das interessierte Beobachten von nicht aktiv Beteiligten zu ermöglichen (vgl. Schley 1998). Daher betonen Horster/Rolff (2001, S. 194, 210) mehrfach, dass Veränderungen der Organisation Schule sehr langsame Prozesse sind, bei denen man klein anfangen sollte, um Enttäuschungen zu vermeiden.

6.4. Grenzen der Schulentwicklung und politische Fehlsteuerung

Auf der Suche nach den Misslingensbedingungen bzw. den Bremskräften schulischer Veränderungsprozesse müssen politische und gesellschaftliche Rahmenbedingungen skizziert werden, die bedeutende Hindernisse darstellen und sich dem Einfluss der einzelnen Schule gänzlich entziehen. Denn vieles von dem, was in diesem Projekt entwickelt wurde und was auf Widerstände stieß, ist in anderen (erfolgreichen) Bildungssystemen selbstverständlich. Im deutschen Bildungssystem besteht die Besonderheit, dass professionelle pädagogische Diagnostik weitgehend ersetzt wird durch ein vielfältiges und aufwendiges System der Auslese (vgl. Kapitel 2). Dieses System führt dazu, dass Lehrkräfte im Prinzip immer den richtigen Unterricht machen und sich beim Auftreten von Schwierigkeiten immer darauf berufen können, „nur die falschen Schüler zu haben". Extreme Probleme entstehen dann notwendigerweise dort, wo nicht mehr selektiert werden kann: an Haupt- und Förderschulen und mittlerweile auch in weiten Teilen des berufsbildenen Schulsystems. Diese latente und dennoch wirksame Selektionslogik scheint immer noch weitgehend akzeptiert zu sein und steht weitreichenden Veränderungen im Wege.

Daher müssen sich (vorläufig) Veränderungen auf die Ebene der Einzelschule beschränken. Den Schulleiterinnen und Schulleitern wird dabei die Schlüsselrolle der „Change-Agents" zugesprochen (vgl. Arnold/Gonon 2006, S. 226). Rolff sieht darin eine Chance:

> „Agenten wollen etwas erreichen, im Notfall durch Zwang und fast immer allein. Schulleiter müssen sich zurücknehmen; das ist ein Problem – aber gleichzeitig eine Chance. Denn wer nichts erzwingen kann, der muss überzeugen; und wenn etwas aus Überzeugung geschieht, ist die Motivation tiefgreifender und anhaltender, als wenn etwas auf Zwang beruht" (Rolff 1993, S. 1992).[76]

Durch den Beamtenstatus ist Zwang also nicht möglich. Und Zwang ist auch nicht die einzige bzw. effektivste Form der Leistungssteuerung. Vielmehr wird auch in Unternehmen verstärkt auf Anreizsysteme zurückgegriffen, die dazu führen sollen, die Zielerreichung zu lenken. Aber gerade eine solche Kontextsteuerung ist nur äußerst bedingt durch die Schulleitung möglich. Bei genauerer Betrachtung der finanziellen Ausstattung von Schulen, insbesondere im Hinblick auf die Anzahl der Lehrerstellen, stellt man fest, dass diese hauptsächlich auf Grundlage der Anzahl der Schülerinnen und Schüler berechnet wird (vgl. Kapitel 2). Provokant ausgedrückt: Nicht die Leistungen der Schülerinnen und Schüler, auch nicht die Qualität des Unterrichts oder das Engagement der Lehrkräfte bilden die Grundlage der „Belohnung". Im Gegenteil: Das Sitzenbleiben eines Schülers erhöht im kommenden Jahr die Größe der Schülerschaft und damit die Ressourcenausstattung.[77] Und anders ausgedrückt: Eine Schule, die sich bemüht, auch Problem-Schüler zu fördern und nicht zu selektieren, wird nicht nur *nicht* belohnt, sondern – ganz im Gegenteil – sie kann je nach Entwicklung der Schülerzahlen sogar durch Lehr-

---

[76] Allerdings sei betont, dass ein nicht unerhebliches Problem darin besteht, dass man dem Schulleiter, der in der Regel ein langjähriger Kollege ist, häufig keine innovativen Impulse "abnimmt" (vgl. auch Arnold/Gonon 2006, S. 226).

[77] Durch Klassenwiederholungen entstehen damit bundesweit Mehrkosten von schätzungsweise 1,2 Mrd. Euro (vgl. Statistisches Bundesamt 2003/04), ohne dass dabei ein messbarer Vorteil entstünde. Im Gegenteil: Sitzenbleiber werden in der Regel schlechter, während bei den versetzten Schülern kein Vorteil messbar ist (vgl. Krohne/Tillmann 2006).

stellenkürzungen bestraft werden. Es bestehen also weder Anreizsysteme für einzelne Lehrkräfte noch für die Einzelschule als Ganze. Die Einführung des Gütesiegels „Individuelle Förderung" durch das Ministerium NRW, mit dem „gute Schulen" ausgezeichnet werden, ist zwar ein erster Schritt in die richtige Richtung, allerdings mit nur sehr begrenzter Wirkung.[78]

Damit soll nicht der besondere Stellenwert der Schulleitung in Frage gestellt werden, sondern lediglich der bremsend wirkende Kontext, innerhalb dessen sich Schulleitungen und Lehrkräfte immer befinden.[79] Eine Veränderung der Kooperations- und Evaluationskultur im System „Schule" (gemeint ist nicht nur die Einzelschule) bedarf (1) einer Veränderung der Schulaufsicht, die statt des Inputs den Output kontrolliert, (2) größerer Freiheiten und Eigenverantwortung der einzelnen Schule und (3) einer Veränderung der Anreizstrukturen für Lehrkräfte und Schulen. Auch Wößmann (2003) betont die leistungsfördernde Wirkung des Dreiklangs aus staatlicher Zielvorgabe, Schulautonomie und externer Kontrolle der Zielerfüllung. In Deutschland dominieren *nicht* eindeutige Ziele und damit „irritierende" Anreizstrukturen das Schulsystem. Daher dienen Schulent-

---

[78] Zudem sei betont, dass die Fülle an selektiven Modellprojekten, die in den letzten Jahren gestartet wurden, eher zu Unübersichtlichkeit und Verwirrung führt, als dass sie eine klare Zielvorgabe erkennen lässt. Bspw. sei ein Projekt genannt, in dem das Abschaffen von Klassenwiederholungen an einzelnen Hauptschulen erprobt wird – aber leider (und bezeichnenderweise) *nur* an Hauptschulen.

[79] Zu diesen Rahmenbedingungen gehören bspw. auch solche, die das Lernen der Schülerinnen und Schüler beeinträchtigen. Dazu gehört in Zusammenhang mit benachteiligten Jugendlichen auch die sozialpolitische Praxis. Viele dieser Jugendlichen geben sich erfahrungsgemäß freiwillig in die "sozialpolitische Falle". Da die erwartbare Ausbildungsvergütung deutlich geringer ausfällt als Sozialleistungen, fehlen auch ihnen die *Anreize*, ihre Lage zu verändern. Von vielen dieser Jugendlichen, die hauptsächlich durch ihre kurzsichtige Lebensperspektive überhaupt in diese schwierige Situation gelangt sind, sollte nicht erwartet werden, dass sie plötzlich ihre Denkmuster und Lebensvorstellungen grundsätzlich wandeln und zukunftsorientierte Entscheidungen treffen. Aus ihrer Perspektive ist es durchweg rational, entweder nur die Wunsch-Ausbildung oder andernfalls gar keine Ausbildungsstelle anzunehmen. Aus dem subjektiv empfundenen gesellschaftlichen Ausschluss heraus beginnen sie sehr früh, sich im Sozialstaat einzurichten.

wicklungsvorhaben derzeit eher den Interessen der Lehrkräfte als den Interessen der Schülerinnen und Schüler. Die zukünftige Aufgabe müsste deshalb darin bestehen, die Schulaufsicht von einer Genehmigungsbehörde in eine externe Beratungs- und Kontrollorganisation zu transformieren. Erste Versuche dorthin werden bereits angedeutet.

7. Ausblick

In den vorangegangenen Kapiteln wurde versucht, die Problematik der Förderung von benachteiligten Jugendlichen im deutschen Schulsystem zu analysieren, um daraus Vorgehensweisen zu entwickeln, mit deren Hilfe die Förderung dieser Schülerinnen und Schüler an berufsbildenden Schulen gestaltet werden kann. Dabei wurden die schulischen Rahmenbedingungen und die wissenschaftlichen Grundlagen gleichermaßen beachtet. Das Ergebnis ist ein Förderkonzept, das den schulrechtlichen und pädagogisch-methodischen Vorgaben für individuelle Förderung gerecht wird. Die meisten Schülerinnen und Schüler werden eine positive Lernentwicklung vorweisen, Schulabschlüsse nachholen und einen Ausbildungsplatz erhalten, wie das skizzierte Pilotprojekt zeigt. Um in kurzer Zeit Schülerinnen und Schülern mit „Schulproblemen" Förderangebote zu unterbreiten, wird es unausweichlich sein, die Schulorganisation daraufhin zu modifizieren. Hierfür wurde exemplarisch gezeigt, wie transparente Prozesssteuerungs- und Evaluationsmaßnahmen standardisiert, terminiert, dokumentiert und implementiert werden können. Der dadurch entstandene Zwang zur Flexibilisierung alter Strukturen und zur Kooperation im Kollegium, aber auch mit den Lernenden kann auf Widerstände stoßen (wie das Fallbeispiel zeigt). Dennoch hat das hier dargelegte Pilotprojekt eine nachhaltige Veränderung bewirkt: Trotz einer deutlichen Modifikation der entwickelten Prozesse sind einige Elemente institutionalisiert worden. Angesichts der besonderen Situation in der Organisation Schule müssen auch solch kleine Fortschritte positiv hervorgehoben werden. Insbesondere die mittel- bis langfristige Entwicklung, nämlich dass Lehramtsanwärter und neu eingestellte Lehrkräfte unmittelbar in dieses neue „System" eingebunden werden können, eröffnet eine gewisse Perspektive für solche Veränderungsprozesse.

Wenn die Schule von morgen als Organisation auf Qualitätsentwicklung wert legen soll, dann werden heute Veränderungen in den Rahmenbedingungen und Anreizstrukturen notwendig, die sich an dieser Zielvorstellung orientieren. Und dann werden das Veränderungsmanagement professioneller und die Reaktionszeit kürzer sein. Gleichzeitig kann konstatiert werden, dass nahezu die gesamte schulische Steuerungs- und Governanceforschung unabhängig vom Ungleichheitsdiskurs bleibt. Es fehlen nach wie vor politische Zielvorgaben und langfristige Perspektiven, die der schulischen Praxis Orientierung geben könnten und insbesondere der Professionalisierung der Benachteiligtenförderung eine angemessene Position verleihen. Unterstützung und Anerkennung der Arbeit sind hierfür zentral und müssen systemisch geleistet werden. Während Lehrkräfte an anderen Schulen, aber auch im dualen System von Eltern und Ausbildenden anerkennende sowie kritische Feedbacks erhalten, steht die Benachteiligtenförderung unter einem Schleier der Gleichgültigkeit – auf Seiten der Jugendlichen und Familien genauso wie auf Seiten der Institutionen und politischen Entscheidungsträger. Den Preis hierfür werden wir zahlen, allerdings werden nicht mehr die Bildungsbudgets, sondern jene für Soziales und Justiz dafür aufkommen müssen.

Abschließend können zwei Zitate von erfahrenen Erziehungswissenschaftlern als umfassende Erkenntnis dienen, durch die die Eingebundenheit der Schule in die Gesellschaft markant deutlich wird und damit auch die gesamtgesellschaftliche Herausforderung, Bildungsarmut und soziale Benachteiligung zu bekämpfen.

„Benachteiligte Jugendliche sind die Verlierer eines Selektionsprozesses, der sie vorwiegend anhand nicht hinterfragter oder vielleicht sogar bewusst implementierter Skalierungen ökonomischer Verwertbarkeit klassifiziert" (Bojanowski 2008, S. 34).

„Fortschritte im Schulwesen, das zeigt die deutsche Bildungsgeschichte, waren immer nur geringfügig und mussten gegen Interessengruppen mühsam und zäh errungen werden. Es ist eine Illusion, dass die Schulen einer Gesellschaft freier, demokratischer und menschlicher sein könnten als die gesellschaftlichen Lebenszusammenhänge, in die sie notwendig eingebettet sind. Die Erfahrungen der jüngsten Vergangenheit und der Gegenwart bestätigen diese alte Einsicht, *die ein Grund zur Nüchternheit, nicht zur Mutlosigkeit ist*" (Herrlitz u.a. 2009, S. 268).

8. Literaturverzeichnis

Allmendinger, J. (1999): Bildungsarmut. Zur Verschränkung von Bildungs- und Sozialpolitik. In: Soziale Welt, 1/1999, S. 35-50.

Allmendinger, J.; Helbig, M. (2008): Zur Notwendigkeit von Bildungsreformen. In: WSI Mitteilungen, 7/2008, S. 394-399.

Arnold, R.; Gómez Tutor, C. (2006): Selbstgesteuertes Lernen lernen. Erfahrungen mit handlungsorientierten Seminaren zur Entwicklung von Selbstlernkompetenz. In: Dieckmann, H.; Dittrich, K.-H.; Lehmann, B. (Hrsg.): Kompetenztransfer durch selbstgesteuertes Lernen. Bad Heilbrunn, S. 53-78.

Arnold, R.; Gonon, Ph. (2006): Einführung in die Berufspädagogik. Opladen.

Autorengruppe Bildungsberichterstattung (2008): Bildung in Deutschland 2008. Bielefeld.

Bach, H. (2002): Diagnostik von Verhaltensauffälligkeiten unter pädagogischem Aspekt. In: Mutzeck, W. (Hrsg.): Förderdiagnostik. Konzepte und Methoden, 3. überarbeitete Auflage. Weinheim, S. 137-149.

Baumert, J.; Schümert, G. (2001): Familiäre Lebensverhältnisse, Bildungsbeteiligung und Kompetenzerwerb. In: Deutsches PISA-Konsortium (Hrsg.): PISA 2000. Basiskompetenzen von Schülerinnen und Schülern im internationalen Vergleich. Opladen, S. 323-407.

Beck, U. (1985): Ausbildung ohne Beschäftigung. Zum Strukturwandel des Bildungssystems im Strukturwandel der Arbeitsgesellschaft. In: Hradil, St. (Hrsg.): Sozialstruktur im Umbruch. Opladen, S. 305-321.

Beck, U. (1996): Das „eigene Leben" in die Hand nehmen. In: Pädagogik, 7-8/1996, S. 40-47.

Becker, G.; Horstkemper, M.; Risse, E.; Stäudel, L.; Werning, R.; Winter, F. (Hrsg.) (2006): Diagnostizieren und Fördern. Stärken entdecken – Können entwickeln. Seelze.

Becker, H.; Langosch, I. (2002): Produktivität und Menschlichkeit. Organisationsentwicklung und ihre Anwendung in der Praxis. 5. neu bearbeitete und erweiterte Auflage. Stuttgart.

Becker, R.; Lauterbach, W. (2008): Bildung als Privileg. Ursachen, Mechanismen, Prozesse und Wirkungen. In: Becker, R.; Lauterbach, W. (Hrsg.): Bildung als Privileg. Erklärungen und Befunde zu den Ursachen der Bildungsungleichheit. Wiesbaden, S. 11-45.

Bellenberg, G.; Hovestadt, G.; Klemm, K. (2004): Selektivität und Durchlässigkeit im allgemein bildenden Schulsystem. Rechtlich Regelungen und Daten unter besonderer Berücksichtigung der Gleichwertigkeit von Abschlüssen. Essen.

Berkemeyer, N.; Brüsemeister, T.; Feldhoff, T. (2007). Steuergruppen als intermediäre Akteure in Schulen. Ein Modell zur Verortung schulischer Steuergruppen zwischen Organisation und Profession. In: Berkemeyer, N.; Holtappels, H. G. (Hrsg.). Schulische Steuergruppen und Change Management. Theoretische Ansätze und Befunde. Weinheim, S. 61-84.

Bless, G.; Schüpbach, M.; Bonvin, P. (2004): Klassenwiederholung – Determinanten, Wirkungen und Konsequenzen. Bern.

BMFSFJ Bundesministerium für Familie, Senioren, Frauen und Jugend (2005): Gender Datenreport. Kommentierter Datenreport zur Gleichstellung von Frauen und Männer in der Bundesrepublik Deutschland. Kapitel 4: Schulische Bildung. Abrufbar unter: http://www.bmfsfj.de/bmfsfj/generator/Publikationnen/genderreport/ [Dezember 2009]

Böttcher, W. (2002): Schule und soziale Ungleichheit. Perspektiven pädagogischer und bildungspolitischer Interventionen. In: Mägdefrau, J; Schuhmacher, E. (Hrsg.): Pädagogik und soziale Ungleichheit. Bad Heilbrunn, S. 35-57.

Bohlinger, S. (2004): Der Benachteiligtenbegriff in der beruflichen Bildung. In Zeitschrift für Berufs- und Wirtschaftspädagogik, 2/2004, S. 230-241.

Bojanowski, A. (2008): Benachteiligte Jugendliche. Strukturelle Übergangsprobleme und soziale Exklusion. In: Bojanowski, A.; Mutschall, M.; Meshoul, A. (Hrsg.): Überfüssig? Abgehängt? Produktionsschule: Eine Antwort für benachteiligte Jugendliche in den neuen Ländern. Münster, S. 33-46.

Bojanowski, A. (2006): Ergebnisse und Desiderata zur Förderung Benachteiligter in der Berufspädagogik. Versuch einer Bilanz. In: Zeitschrift für Berufs- und Wirtschaftspädagogik, 3/2006, S. 341-359.

Bos, W.; Lankes, E. M.; Prenzel, M.; Schwippert, K.; Wahlther, G.; Valtin, R. (Hrsg.) (2003): Erste Ergebnisse aus IGLU. Schülerleistungen am Ende der vierten Jahrgangsstufe im internationalen Vergleich. Münster.

Boudon, R. (1974): Education, Opportunity and Social Inequality. Changing Prospects in Western Society. New York.

Bourdieu, P.; Passeron, J.-C. (1971): Die Illusion der Chancengleichheit. Untersuchungen zur Soziologie des Bildungswesens am Beispiel Frankreichs. Stuttgart.

Bourdieu, P.; Boltanski, L.; de Saint Martin, M.; Maldidier, P. (1981): Titel und Stelle. Über die Reproduktion sozialer Macht. Frankfurt.

Bude, H. (2008): Die Ausgeschlossenen. Das Ende vom Traum einer gerechten Gesellschaft. Bonn.

Chancen-NRW (o. J.): Grundlagen der integrierten individuellen Förderung mit Hilfe von Förderplänen. Düsseldorf. Abrufbar unter: http://www.chancen-nrw.de/test/cms/upload/bilder/arns berg/Texte/Grundlagen.pdf, 24.05.2008.

Deutsches PISA-Konsortium (Hrsg.) (2001): PISA 2000. Basiskompetenzen von Schülerinnen und Schülern im internationalen Vergleich. Opladen.

Deutsches PISA-Konsortium (Hrsg.) (2003): PISA 2000. Ein differenzierter Blick auf die Länder der Bundesrepublik Deutschland. Opladen.

Deutsches PISA-Konsortium (Hrsg.) (2005): PISA 2003. Der zweite Vergleich der Länder der in Deutschland. Münster.

Deutschmann, R.; Kober, R.; Roschek, M.; Schäfer, H.-W. (2007): Das Projekt KomLern – Neue Wege zur Individualisierung des Lernens in der schulischen Berufsvorbereitung, Landesinstitut für Lehrerbildung und Schulentwicklung Hamburg, Abteilung Fortbildung, Referat Berufliche Bildung.

Ditton, H. (2008): Der Beitrag von Schule und Lehrern zur Reproduktion von Bildungsungleichheit. In: Becker, Rolf; Lauterbach, Wolfgang (Hrsg.): Bildung als Privileg. Erklärungen und Befunde zu den Ursachen der Bildungsungleichheit. Wiesbaden, S. 247-275.

El- Mafaalani, A. (2010): Jung, qualifikationsarm, ausbildungsmüde – was tun mit Schulversagern? In: OrganisationsEntwicklung, 1/2010.

El-Mafaalani, A. (2009a): Do Underachievers need Sociology? In: Journal of Social Science Education, 4/2009.

El-Mafaalani, A. (2009b): Heterogenität als Potenzial nutzen. Individuelle Förderung in der vollzeitschulischen beruflichen Bildung. In: Berufsbildung in Wissenschaft und Praxis, 1/2009.

El-Mafaalani, A.; Genee, P. (2009): Kompetenzraster als Methode zur Förderung von Kompetenz und Performanz, in: Erziehungswissenschaft und Beruf, 3/2009.

El-Mafaalani, A.; Toprak, A. (2010): Hausfrau oder Kauffrau? Beratungssituationen mit jungen Frauen türkischer Herkunft, in: Sozialmagazin, 2/2010.

Eschelmüller, M. (2007): Lerncoaching. Vom Wissensvermittler zum Lernbegleiter. Grundlagen und Praxishilfen. Mühlheim/Ruhr.

Frein,T.; Möller, G. (2005): Nach PISA – weniger „Sitzenbleiben" in Deutschland und in NRW? In: Schulverwaltung NRW, 1/2005, S. 17-19.

Geißler, R. (2008): Die Metamorphose der Arbeitertochter zum Migrantensohn. Zum Wandel der Chancenstruktur im Bildungssystem nach Schicht, Geschlecht, Ethnie und deren Verknüpfungen. In: Berger, P. A./Kahlert, H. (Hrsg.): Institutionalisierte Ungleichheiten. Wie das Bildungswesen Chancen blockiert. Weinheim, S. 71-100.

Gomolla, M.; Radtke, F.-O. (2002): Institutionelle Diskriminierung. Die Herstellung ethnischer Differenz in der Schule. Opladen.

Gonon, Ph.; Klauser, F.; Nickolaus, R.; Huisinga, R. (Hrsg.) (2005): Kompetenz, Kognition und neue Konzepte der beruflichen Bildung. Wiesbaden.

Hentig, H. v. (1982): Die Menschen stärken, die Sache klären. Ein Plädoyer für die Wiederherstellung der Aufklärung. Stuttgart.

Hentig, H. v. (1996): Bildung – Ein Essay. München.

Herrlitz, H. G.; Hopf, W.; Titze, H.; Cloer, E. (2009): Deutsche Schulgeschichte von 1800 bis zur Gegenwart. Eine Einführung. Weinheim.

Herrmann, Th.; Jahnke, I. (2007): Prozessorientierte Einführung von Wissensmanagement in KMU. BMBF Broschüre.

Hessisches Kultusministerium (2005): „Individuelle Lernpläne..., denn wir haben Stärken". Wiesbaden. Abrufbar unter: http://download.bildung.hessen.de/unterricht/lernarchiv/dia_foe/ifp/lernplan.pdf [15.05.2008]

Hessisches Kultusministerium (2007): Individuelle Lernpläne und kompetenzorientiertes Unterrichten – Berichte aus der Praxis der Sekundarstufe I. Wiesbaden. Abrufbar unter: http://download.bildung.hessen.de/unterricht/lernarchiv/dia_foe/ifp/ilp2_broschuere.pdf [15.05.2008]

Hillmert, St. (2008): Soziale Ungleichheit im Bildungsverlauf – zum Verhältnis von Bildungsinstitutionen und Entscheidungen. In: Becker, R.; Lauterbach, W. (Hrsg.): Bildung als Privileg. Erklärungen und Befunde zu den Ursachen der Bildungsungleichheit. Wiesbaden, S. 75-102.

Horster, L.; Rolff, H.-G. (2001): Unterrichtsentwicklung. Grundlagen, Praxis, Steuerungsprozesse. Weinheim.

Horstkemper, M. (2006): „Fördern heißt diagnostizieren". In: Becker, Gerold u.a. (Hrsg.): Diagnostizieren und Fördern. Stärken entdecken – Können entwickeln. Seeze, S. 4-7.

im Brahm, G. (2006): Klassengröße: eine wichtige Variable von Schule und Unterricht? In: bildungsforschung, 1/2006. Abrufbar unter: www.bildungsforschung.org/Archiv/2006-01/klassengrösse [Dezember 2009]

Kempfert, G.; Rolff, H.-G. (1999): Pädagogische Qualitätsentwicklung. Ein Arbeitsbuch für Schule und Unterricht. Weinheim

Kimmelmann, N. (2010): Cultural Diversity als Herausforderung der beruflichen Bildung. Standards für die Aus- und Weiterbildung von pädagogischen Professionals als Bestandteil von Diversity Management. Aachen.

Kimmelmann, N. (2009): Der „Diversity-Professional" in der Beruflichen Bildung. Standards für die Aus- und Weiterbildung zum Umgang mit kulturell diversen Lernenden. In: Kimmelmann, N. (Hrsg.): Berufliche Bildung in der Einwanderungsgesellschaft. Diversity als Herausforderung für Organisationen, Lehrkräfte und Ausbildende. Köln.

Kirsten, C. (2002): Hauptschule, Realschule oder Gymnasium? Ethnische Unterschiede am ersten Bildungsübergang. In: Kölner Zeitschrift für Soziologie und Sozialpsychologie 54, S. 534-552.

Klieme, E. (2004): Was sind Kompetenzen und wie lassen sie sich messen? In: Pädagogik, 6/3004, S. 10-13.

Krohne, J.; Meier, U.; Tillmann, K.J. (2004): Sitzenbleiben, Geschlecht und Migration – Klassenwiederholungen im Spiegel der PISA-Daten. In: Zeitschrift für Pädagogik 50, S. 373-391.

Krohne, J.; Tillmann, K.-J. (2006): „Sitzenbleiben" – eine tradierte Praxis auf dem Prüfstand. In: SchulverwaltungSpezial, 4/2006, S. 6-9.

Kruse, Peter (o.J.): Acht Regeln für den totalen Stillstand. Abrufbar unter: http://changekommunikation.wordpress.com/2009/02/03/p-kruse-acht-regeln-fur-den-totalen-stillstand-im-unternehmen/ [Stand: Dezember 2009]

Löwisch, D.-J. (2000): Kompetentes Handeln. Bausteine für eine lebensweltbezogene Bildung. Darmstadt.

Luhmann, N. (2002): Das Erziehungssystem der Gesellschaft. Frankfurt a. M.

Lutz, Th. (2006): Von der alltäglichen Kurzberatung zum Lernentwicklungs- und Fördergespräch. In: Pädagogik, 9/2006, S. 40-45.

Matthes, G. (2002): Diagnose des Lernens. Das Handlungsmuster der förderdiagnostischen Lernbeobachtung, in: Mutzeck, W. (Hrsg.) (2002): Förderdiagnostik. Konzepte und Methoden, 3. überarbeitete Auflage. Weinheim, S. 239-254.

Merziger, P. (2009): Mit Kompetenzrastern individuell fördern. In: Kunze, I.; Solzbacher, C. (Hrsg.): Individuelle Förderung in der Sekundarstufe I und II. Baltmannsweiler.

Mintzberg, H. (1979): The Structuring of Organizations. A Synthesis of the Research. Englewood Cliffs, NJ.

Mintzberg, H. (1992): Die Mintzberg-Struktur. Organisation effektiver gestalten. Landsberg/Lech.

OECD Organization Economic Cooperation Development (2007): OECD Education at a Glance 2007.

Preiß, P. (2005): Entwurf eines Kompetenzkonzepts für den Inhaltsbereich Rechnungswesen /Contolling. In: Gonon, Phillip; Klauser, F.; Nickolaus, R.; Huisinga, R. (Hrsg.): Kompetenz, Kognition und neue Konzepte der beruflichen Bildung. Wiesbaden, S. 67-86.

Prenzel, M. (2004): PISA 2003. Der Bildungsstand der Jugendlichen in Deutschland. Ergebnisse des zweiten internationalen Vergleichs. Münster.

Rauschenbach, Th.; Leu, H. R.; Lingenauber, S.; Mack, W.; Schilling, M.; Schneider, K.; Züchner, I. (2004): Non-formale und informelle Bildung im Kindes- und Jugendalter. Konzeptionelle Grundlagen für einen Nationalen Bildungsbericht. Reihe Bildungsreform, Band 6. Bonn.

Reich, K. (o. J.): Portfolio. Abrufbar unter: http://www.uni-koeln.de /ew-fak/konstrukt/didaktik/portfolio/frameset_portfolio.html [11.5.2008]

Riedl, A. (2004): Grundlagen der Didaktik. Stuttgart.

Reinmann, G.; Mandl, H. (2006): Unterrichten und Lernumgebungen gestalten. In: Krapp, A.; Weidenmann, B. (Hrsg.): Pädagogische Psychologie. Ein Lehrbuch. Weinheim, S. 613-658.

Rolff, H. G. (1993): Wandel durch Selbstorganisation. Theoretische Grundlagen und praktische Hinweise für eine bessere Schule. München.

Seifried, J. (2005): Lernmotivation in lehrer- und schülerzentrierten Unterrichtssequenzen. Analyse des Unterrichtserlebens mit Hilfe von Selbstberichts- und Videodaten. In: Gonon, Phillip; Klauser, F.; Nickolaus, R.; Huisinga, R. (Hrsg.): Kompetenz, Kognition und neue Konzepte der beruflichen Bildung. Wiesbaden, S. 237-252.

Schelten, A. (2006): Die Rolle der Jugendlichen ohne Ausbildungsplatz an der Berufsschule. In: Die berufsbildende Schule, 2/2006, S. 243-244.

Schelten, A (2009): Der Übergangssektor – ein großes strukturelles Problem. In: Die berufsbildende Schule, 4/2009, S. 107-108.

Schelten, A.; Folgmann, M. (Hrsg.) (2007): Materialband zum Zwischenbericht der wissenschaftlichen Begleitung des Modellversuch Jugendliche ohne Ausbildungsplatz (JoA). Technische Universität München

Schleicher, A. (2007): Individuelle Förderung. In: Schule NRW – Das Amtsblatt des Ministeriums für Schule und Weiterbildung, 3/2007, S. 122-127.

Schleicher, A. (2007a): Wie gelingt individuelle Förderung in anderen Ländern. In: SchulVerwaltung Nordrhein-Westfalen – Zeitschrift für Schulleitung und Schulaufsicht, 3/2007, S. 63-70.

Schley, W. (1998): Change Management: Schule als lernende Organisation. In: Altrichter, H.; Schley, W.; Schratz, M. (Hrsg.): Handbuch zur Schulentwicklung. Insbruck-Wien.

Schmidt, M. G. (2003): Ausgaben für Bildung im internationalen Vergleich. In: Aus Politik und Zeitgeschichte, B21-22, S. 6-11.

Sinn, H.-W. (2006): PISA und die deutsche Drei-Klassen-Gesellschaft. In: ifo Standpunkt Nr. 73, 14. März 2006. [Auch erschienen unter dem Titel „Alte Ideologien", in: Wirtschaftswoche, Nr. 11, S. 250]

Solga, H.; Wagner, S. (2008): Die Zurückgelassenen – die soziale Verarmung der Lernumwelt von Hauptschülerinnen und Hauptschülern. In: Becker, R.; Lauterbach, W. (Hrsg.): Bildung als Privileg. Erklärungen und Befunde zu den Ursachen der Bildungsungleichheit. Wiesbaden, S. 191-220.

Solzbacher, C. (2008): Was denken Lehrerinnen und Lehrer über individuelle Förderung? Eine Studie zu Positionen von Lehrkräften in der Sekundarstufe I und Konsequenzen für Schulentwicklungsarbeit. In: Pädagogik, 3/2008, S. 38-42.

Statistisches Bundesamt (2003/04): Fachserie 11, Reihe 1. Wiesbaden.

Statistisches Bundesamt (2007): Fachserie 11, Reihe 1. Wiesbaden.

Struck, P. (1997): Erziehung von gestern, Schüler von heute, Schule von morgen. München.

Suhrweier, H. (2002): Prinzipien einer Förderdiagnostik. In: Mutzeck, W. (Hrsg.) (2002): Förderdiagnostik. Konzepte und Methoden, 3. überarbeitete Auflage. Weinheim, S. 39-55.

Toprak, A. (2006): Jungen und Gewalt. Die Anwendung der konfrontativen Pädagogik in der Beratungssituation mit türkischen Jugendlichen. Herbolzheim.

Toprak, A.; El-Mafaalani, A. (2009): Jugendgewalt und Islam in Deutschland, in: Bundschuh, St.; Jagusch, B.; Mai, H. (Hrsg.): Facebook, Fun und Ramadan. Düsseldorf.

Voß, R. (2005): Unterrichten ohne Belehrung. Kontextsteuerung, individuelle Lernbegleitung, Perspektivwechsel. In: Voß, R. (Hrsg.): Unterricht aus konstruktivistischer Sicht, S. 40-62.

Weinert, F. E. (2001): Vergleichende Leistungsmessung in Schulen – eine umstrittene Selbstverständlichkeit. In: Weinert, F. E. (Hrsg.): Leistungsmessungen in Schule. Weinheim, S. 17-31.

Willis, P. (1977): Learning to Labour. How Working Class Kids Get Working Class Jobs. Farnborough: Saxon House.

Wößmann, L. (2003): Familiärer Hintergrund, Schulsystem und Schülerleistungen im internationalen Vergleich, in: Aus Politik und Zeitgeschichte B 21–22, S. 33–38.

Zickgraf, A. (2008): Gütesiegel-Schulen als „blühende Landschaften" in NRW. Abrufbar unter: www.schulministerium.nrw.de/BP/A ktuelles/Guete siegel-April/index.html, [14.04.2008.]

ABBILDUNGSVERZEICHNIS

TABELLENVERZEICHNIS

ANHANG

Selbsteinschätzungsbogen (Auszug)

Name:____________________ Klasse:____ Klassenlehrer/-in:________ Datum:______

	Bitte markieren Sie durch ein Kreuz in jeder Zeile den Grad Ihrer Zustimmung zur Aussage.	**absolut**	**überwiegend**	**teils teils**	**kaum**	**gar nicht**
1	Ich erledige meine Hausaufgaben.					
2	Ich erscheine pünktlich zum Unterricht.					
3	Ich bringe immer die notwendigen Arbeitsmaterialien (Bücher, Stifte etc.) mit.					
4	Ich führe meine Arbeitsunterlagen ordentlich.					
5	Ich kann selbstständig Aufgaben bearbeiten.					
6	Ich kann mir selbstständig Informationen beschaffen.					
7	Ich kann beim Lesen von Texten Wichtiges von Unwichtigem trennen.					
8	Ich kann selbstständig mit dem Computer umgehen.					
9	Ich kann Medien wie Plakate, Tafel, Beamer/PC zur Präsentation von Gruppenarbeiten nutzen.					
10	Gruppenarbeiten machen mir Spaß.					
11	Ich kann Arbeitsschritte und Ergebnisse so präsentieren und erklären, dass andere alles verstehen.					
12	Ich beteilige mich mündlich gerne					

Meine Portfolio

1. **Mein Leben:** a) Lebenslauf mit Foto b) ...	5. **Wie schaffe ich das:** a) Protokolle Schüler-Lehrer-Gespräche b) Individueller Lernplan c) Zielvereinbarungen
2. **Meine Ziele:** a) schulisch b) beruflich c) privat	6. **Meine Selbsteinschätzung:** a) Selbstbeobachtungsbogen b) Entwicklungstagebuch
3. **Meine Stärken:** a) Nachweise b)	7. **Lerntagebuch** a) Das habe ich geschafft b) Das habe ich noch vor
4. **Was ich verbessern möchte:** a) b) c)	7. **Sonstiges** a) b)

Protokollbogen für das Fördergespräch

Name________________________ **Lehrer**______________________ **Datum**____________

Leitfragen	**Schüler-Antwort (Ist-Stand)**	**Änderungswünsche (Förderziele)**	**Wer kann helfen?** Bis wann?	**Evaluation**
Erfahrungen mit Schule Was waren deine schönsten (und schlimmsten) Erlebnisse in der Schule (Grundschule, Hauptschule etc.)				
Stärken Was ist deine größte Stärke? In welchen Situationen fühlst du dich besonders wohl? Was sind deine Lieblingsfächer?				
Schwächen Was sind deine Schwächen? In welchen Situationen fühlst du dich unwohl/überfordert? Was gefällt dir in der Schule (überhaupt) nicht?				

Beobachtungsbogen für Lehrkräfte

Lernausgangslage von ______________________ Klasse__________ Fachlehrer__________________

Kategorien	Selbstbeschreibung von Schüler	Beschreibungen des Fachlehrers
Ressourcen		
Förderbedarf		
Arbeits- und Sozialverhalten		
Sonstiges		

Informationen zum Schüler/zur Schülerin

Lernumfeld:	**Ergebnisse des Lernstandstests**:
Mögliche Fördermaßnahmen im Fach ________(Fach dieser Lehrkraft)**:**	**Besonderheiten**:

I / II. Förderkonferenzbeschluss bezüglich des Förderplans von

Name:____________________ Klasse:________ Klassenlehrer:________________ Datum:________

Förderbedarf aus Sicht des Schülers/der Schülerin (1. S-L-G):	Förderbedarf aus Sicht des Schülers/der Schülerin (2. S-L-G):
Förderbedarf aus Sicht der Förderkonferenz (I):	Förderbedarf aus Sicht der Förderkonferenz (II):

Vereinbarungen und Arbeitsaufträge:

Welche Person	erledigt welche Aufgabe	bis wann (Evaluation)	Beurteilung der Maßnahmen Verbesserungsvorschläge

Beginn der Maßnahmen:________________ Nächster Auswertungstermin:____________________

Protokollbogen für das Fördergespräch

Name____________________ **Lehrer**____________________ **Datum**__________

Leitfragen	**Schüler-Antwort (Ist-Stand)**	**Änderungswünsche (Förderziele)**	**Wer kann helfen?** Bis wann?	**Evaluation**
Erfahrungen mit Schule Was waren deine schönsten (und schlimmsten) Erlebnisse in der Schule (Grundschule, Hauptschule etc.)				
Stärken Was ist deine größte Stärke? In welchen Situationen fühlst du dich besonders wohl? Was sind deine Lieblingsfächer?				
Schwächen Was sind deine Schwächen? In welchen Situationen fühlst du dich unwohl/überfordert? Was gefällt dir in der Schule (überhaupt) nicht?				

I / II. Förderkonferenzbeschluss bezüglich des Förderplans von

Name:________________________ **Klasse:**________ **Klassenlehrer:**________________ **Datum:**________

Förderbedarf aus Sicht des Schülers/der Schülerin (1. S-L-G):	**Förderbedarf aus Sicht des Schülers/der Schülerin (2. S-L-G):**
Förderbedarf aus Sicht der Förderkonferenz (I):	**Förderbedarf aus Sicht der Förderkonferenz (II):**

Vereinbarungen und Arbeitsaufträge:

Welche Person	erledigt welche Aufgabe	bis wann (Evaluation)	Beurteilung der Maßnahmen Verbesserungsvorschläge

Beginn der Maßnahmen:____________ Nächster Auswertungstermin: ____________________

Lern- und Förderplan für ____________________ Klassenlehrer __________ Klasse: ______ Datum: ________

Fachliches Lernen	Ist-Stand	Ziele	Geplante Maßnahmen	Überprüfung
	Selbsteinschätzung: Einschätzung der Förderkonferenz:			
Arbeits- und Sozialverhalten	**Ist-Stand**	**Ziele**	**Geplante Maßnahmen**	**Überprüfung**
	Selbsteinschätzung: Einschätzung der Förderkonferenz:			
Methodenkompetenz	**Ist-Stand**	**Ziele**	**Geplante Maßnahmen**	**Überprüfung**
	Selbsteinschätzung: Einschätzung der Förderkonferenz:			

ABSTRACT

Im Schulgesetz vom 27. Juni 2006 setzt das Land NRW die individuelle Förderung aller Schülerinnen und Schüler als zentrale Leitidee der Arbeit aller Schulen fest. In einem viel beachteten Aufsatz stellt SCHLEICHER einige zentrale Elemente Individueller Förderung heraus: (1) Die fortwährende Diagnose und Bewertung des individuellen Lernbedarfs jeder Schülerin und jedes Schülers in einer Form, die innerhalb universeller Bildungsziele objektivierbar ist. (2) Lehr und Lernformen, die nicht defizitär angelegt, sondern wirklich auf den einzelnen Schüler zugeschnitten sind. (3) Die individuelle Gestaltung von Lehrplänen in einer Weise, die alle Schülerinnen und Schüler einbezieht und die Verschiedenheit in den Fähigkeiten, Interessen und Kontexten der Kinder und Jugendlichen nicht als Problem, sondern als Potenzial guten Unterrichts sieht. (4) Ein radikales Umdenken in der Organisation von Schule in einer Art und Weise, die den individuellen Lernfortschritt in den Mittelpunkt stellt und die die Schulen Verantwortung für ihre Ergebnisse übernehmen lässt, anstatt diese auf andere Schulformen oder Institutionen abzuwälzen.

Daraus ergeben sich neue Herausforderungen, insbesondere für Berufskollegs. Die Vielzahl an Bildungsgängen mit vergleichsweise kurzer Dauer lassen hier wenig Zeit für Diagnose und Bewertung des individuellen Lernbedarfs. Veränderte Sozialisationsbedingungen junger Menschen, der wachsende Anteil an Lernenden mit Migrationsgeschichte und nicht zuletzt der quantitative Ausbau vollzeitschulischer Bildungsgänge für benachteiligte Jugendliche erfordern neue Konzepte für die Schulorganisation in der beruflichen (Grund-) Bildung. Es stellt sich die Frage, wie unter den gegebenen Rahmenbedingungen individuelle Förderung geleistet werden kann. Dabei sei betont, dass eine individuelle Lernbegleitung an Schulen unlängst stattfindet. Diese rekurriert jedoch weitgehend auf das Engagement einzelner Lehrkräfte. Zentrale Herausforderung – und hierum soll es in diesem Konzept gehen – ist die Synchronisation von Einzelhandlungen und damit eine systematische Gestaltung und Steuerung des

Steuerung des vorhandenen persönlichen Einsatzes durch unterstützende Strukturen. Es geht also um ein Prozessmanagement-Konzept (am Beispiel eines Bildungsgangs in einem Berufskolleg), welches eine standardisierte Organisationsstruktur bietet, innerhalb derer auf jeden Einzelfall zugeschnittene pädagogische Maßnahmen ergriffen werden können. Dabei stehen die Prozessplanung und -dokumentation im Mittelpunkt der Überlegungen. Zunächst werden die täglichen Aufgaben und Tätigkeiten der Lehrkräfte skizziert, um das Förderkonzept sinnvoll in diese Strukturen zu integrieren. Abschließend folgen eine multiperspektivische Reflexion und ein kritischer Ausblick.

Zeitfracht Medien GmbH
Ferdinand-Jühlke-Straße 7
99095 Erfurt, Deutschland
produktsicherheit@kolibri360.de